CURSUS

Arbeitsheft 1
Ausgabe A

Herausgegeben von Prof. Dr. Friedrich Maier und
Dr. Stephan Brenner

Verfasst von Andrea Wilhelm
unter Mitarbeit von
Britta Boberg und Wolfgang Matheus

Oldenbourg
C.C. Buchner
Lindauer

CURSUS, Ausgabe A – Einbändiges Unterrichtswerk für Latein

herausgegeben von Prof. Dr. Friedrich Maier und Dr. Stephan Brenner
und bearbeitet von
Britta Boberg, Reinhard Bode, Dr. Stephan Brenner, Prof. Andreas Fritsch, Michael Hotz,
Prof. Dr. Friedrich Maier, Wolfgang Matheus, Ulrike Severa, Hans Dietrich Unger,
Dr. Sabine Wedner-Bianzano, Andrea Wilhelm

Berater: Hartmut Grosser

Redaktion: Cornelia Franke, Andrea Forster
Illustration: Michael Heinrich, München
Umschlagkonzept: Mendell & Oberer, München
Umschlaggestaltung: Groothius, Lohfert, Consorten GmbH, Hamburg
Umschlagfotos vorne: Schmidt-Thomé, Johannes, Fürstenfeldbruck; Bridgeman Art Library, London; Interfoto, München (Alinari)
hinten: akg-images, Berlin; Bode, Reinhard, Mechterstädt
Technische Umsetzung: Setzerei Vornehm GmbH, München

www.oldenbourg.de/osv
www.ccbuchner.de

1. Auflage, 9. Druck 2013/06

Alle Drucke dieser Auflage sind inhaltlich unverändert und können im Unterricht nebeneinander verwendet werden.

Druck: H. Heenemann, Berlin

ISBN 978-3-637-87706-1 (Oldenbourg Schulbuchverlag)
978-3-7661-5292-3 (C.C. Buchners Verlag)
978-3-87488-706-9 (J. Lindauer Verlag)

Inhalt gedruckt auf säurefreiem Papier aus nachhaltiger Forstwirtschaft.

Vorwort

Liebe Schülerin, lieber Schüler,
mit dem *Cursus*-Arbeitsheft kannst du zusätzliche Übungen zur Festigung deiner Kenntnisse bearbeiten. Die folgenden Erklärungen helfen dir, die Aufgaben und Zeichen im Arbeitsheft zu verstehen. Wir wünschen dir viel Freude und Erfolg beim Üben!

Die Verfasser

So ist das Arbeitsheft aufgebaut:

20 Lektionen	Sie sind genau auf die ersten 20 Lektionen des Schülerbandes abgestimmt: Die Vokabeln und die Grammatik, die du dort gelernt hast, kannst du hier in der entsprechenden Lektion üben.
L/D-Teil	Hier findest du zu jeder der Lektionen 1–20 eine zusätzliche lateinisch-deutsche Übersetzungsübung.
Selbsttests	Nach bestimmten Einheiten kannst du selbst testen, ob du den bisherigen Stoff gut beherrschst. Die Testergebnisse kannst du mithilfe der Randspalte und der Punktetabelle selbstständig auswerten.
Lösungen	In der Mitte des Arbeitsheftes befindet sich der herausnehmbare Lösungsteil; damit kannst du oder können deine Eltern die Ergebnisse kontrollieren.

Das bedeuten die Zeichen:

	Übersetze in dein Heft!
▶	Nach diesem Beispiel sollst du die Aufgabe ausführen.
!	Diese Vokabel gehört nicht zu den Lernvokabeln, aber ihre Bedeutung kannst du leicht ableiten.
L▸D	Dieses Zeichen weist dich auf die zusätzliche lateinisch-deutsche Übersetzungsübung zu dieser Lektion hin.
Test	Dieses Zeichen weist dich darauf hin, dass du nach dieser Lektion deine Kenntnisse in einem Selbsttest überprüfen kannst.
⌛	In der angegebenen Zeit solltest du in der Regel die Testaufgaben schaffen.
→	Hier findest du das dazugehörige Kapitel in der Begleitgrammatik, falls du dich genauer über den Stoff dieser Testaufgabe informieren möchtest.

So können die Testergebnisse gewertet werden:

☺ ☺ ☺ ☺	Du bist in allen Bereichen sehr sicher. Hervorragend!
☺ ☺ ☺	Du hast eine gute Leistung gezeigt! Prüfe, wo die wenigen kleinen Unsicherheiten liegen.
☺ ☺	Du hast vieles richtig gemacht. Bei einigen Bereichen solltest du noch üben.
☺	Du beherrschst in jedem Bereich die Grundlagen oder du beherrschst manche Bereiche gut, andere gar nicht. Wiederhole und übe gezielt das, worin du noch nicht sicher bist.
😐	Einiges ist richtig, aber du bist in fast allen Bereichen zu unsicher. Wiederhole und übe gründlich.
☹	Entweder das war überhaupt nicht „dein Tag" oder du hast den Lernstoff noch gar nicht richtig verstanden. Wiederhole systematisch den gesamten Stoff dieses Tests.

1

1 Grammatik-Fachbegriffe

Ordne den lateinischen Fachbegriffen die deutschen Entsprechungen zu.

Substantiv	....	Genus	....
Subjekt	....	Maskulinum	....
Singular	....	Verb	....
Neutrum	....	Prädikat	....
Infinitiv	....	Femininum	....

Satzgegenstand – Satzaussage – Grundform – männlich – Hauptwort – Tätigkeitswort – Einzahl – sächlich – Geschlecht – weiblich

2 Wörter-Gitter

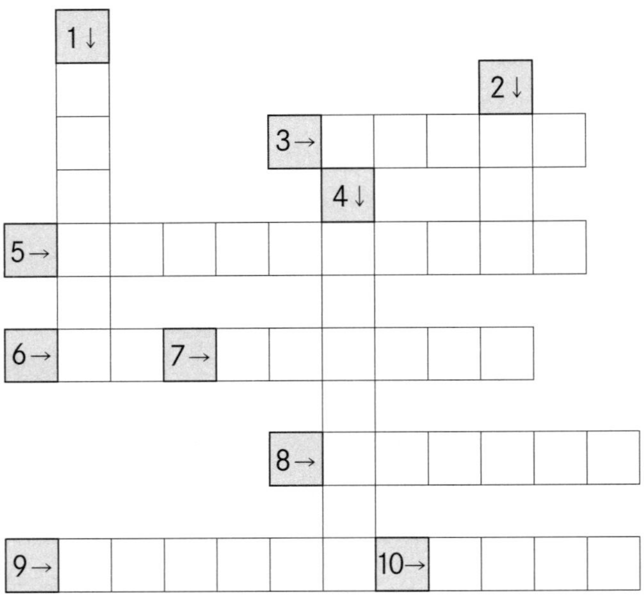

Trage die lateinischen Wörter ein für:

1. brennen
2. warum
3. Freundin
4. schreien
5. erwarten
6. und; auch
7. er, sie, es gefällt
8. Esel
9. schweigen
10. was

3 Der Esel ist weg!

1. Ubi asinus est? 2. Quintus stat et circumspectat[1]. Clamat. 3. Cur asinus non venit? 4. Etiam canis tacet. 5. Subito canis latrat[2]. 6. Quintus gaudet[3]: Silentium non iam est et asinus venit.

[1] circumspectat: er, sie, es blickt sich suchend um

[2] lātrat: er, sie, es bellt

[3] gaudet: er, sie, es freut sich

4 Altersschwächen

Auf einem Stück Papyrus sind einige Buchstaben nicht mehr lesbar. Trage sie nach.

5 Bauteile färben – jetzt wird's bunt!

Unterstreiche in den folgenden Sätzen das Subjekt rot, das Prädikat blau. Übersetze dann.

1. Quintus stat. Exspectat. ....
2. Amica venire cessat. ....
3. Subito canis latrat[1]. ....
4. Quis venit? Amica est. ....

[1] lātrat: er, sie, es bellt

6 Um die VILLA

Zeichne die Villa zu Ende, male die Umgebung mit den entsprechenden Farben an.
Füge für folgende Sätze kleine Zeichnungen hinzu:

Sol ardet. Canis iacet. Asinus clamat. Quintus stat.

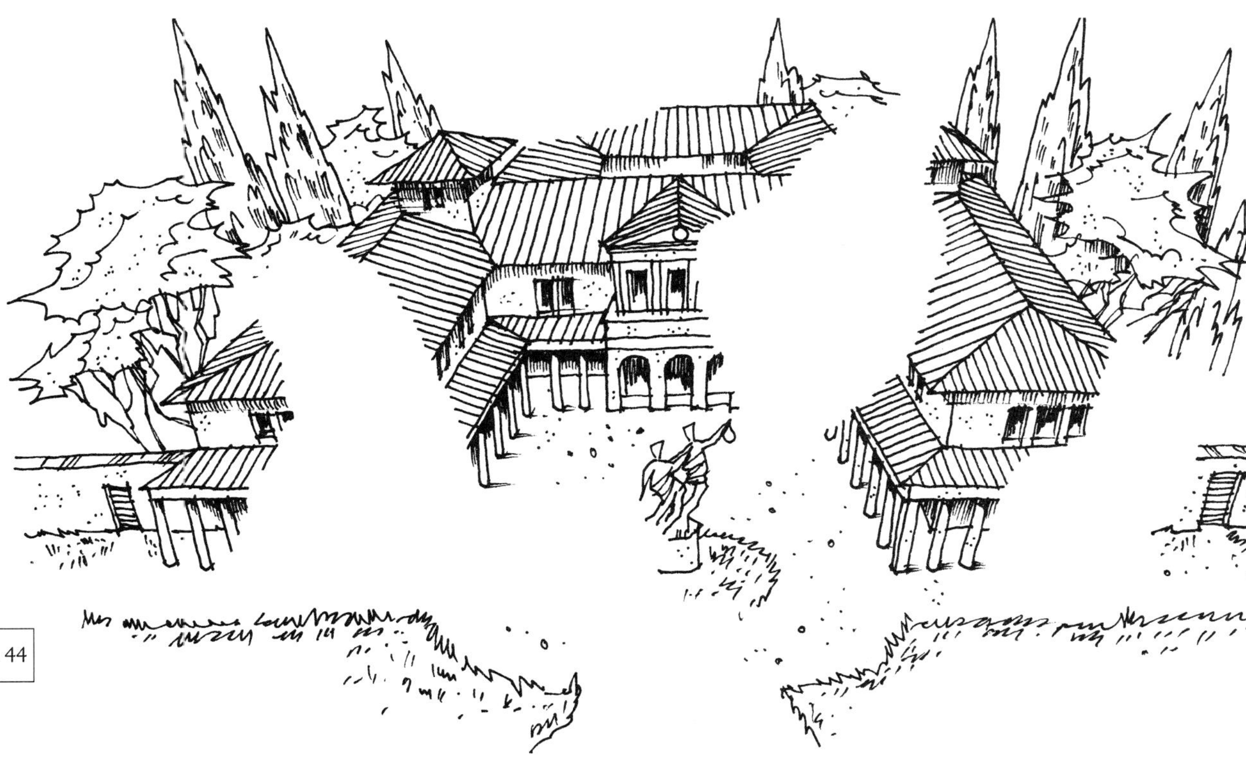

L ▸ D S. 44

1 Gruß an alle!

Begrüße folgende Personen. Setze die Substantive dazu in den Vokativ.

Marcus, serva, Flavia, amici, servae, amicus, Quintus, amica, servi, Aulus, amicae, Galla, Syrus, servus

Salve, Marce, serva, … !

Salvete, amici, … !

2 Warten ist langweilig!

1. Galla serva in horto[1] est.
2. Sub arbore[2] stat et exspectat, sed amici non veniunt.
3. Ubi servi sunt? 4. Cur servae apparere cessant?
5. Galla non ridet, nam exspectare non placet.
6. Subito aliquis[3] clamat: „Galla! Galla!“ Quis est?
7. Certe amici sunt. 8. Nunc Galla ridet, nam servae appropinquant.

[1] in hortō: im Garten [2] sub arbore: unter einem Baum [3] aliquis: jemand

3 Für Römer-Fachleute

Setze die richtigen Begriffe zu der Beschreibung. Die gekennzeichneten Buchstaben ergeben von unten nach oben gelesen ein lateinisches Lösungswort: ....

Bei den Römern hieß

die Eingangshalle ....

der Speiseraum ....

das Obergewand ....

der Säulenhof ....

das kurzärmelige Untergewand ....

der farbige Umhang für Frauen ....

das Oberhaupt der Familie ....

das lange Frauengewand ....

a*t*rium – *s*tola – peris*t*yl – tog*a* – pater famili*a*s – tricl*i*nium – pal*l*a – t*u*nica

4 Wer macht was?

Verbinde durch Linien und übersetze.
(Überlege vorher, denn bei einigen Subjekten sind mehrere Lösungen möglich.)

A. Syrus servus	1. rident.	....
B. Quintus et Flavia	2. tacet.	....
C. Equi	3. properant.	....
D. Dona	4. apparent.	....
E. Servae	5. clamat.	....
F. Matrona	6. placent.	....

5 Wort-Schwein

Das Wildschwein ist gefüllt mit so genannten „kleinen Wörtern", waagerecht und senkrecht, vorwärts und rückwärts zu lesen. Finde sie heraus für die unten stehenden deutschen Bedeutungen und streiche sie weg. Wenn du die restlichen Buchstaben der Reihenfolge nach liest, erhältst du die Namen von drei bekannten Wildschweinessern.

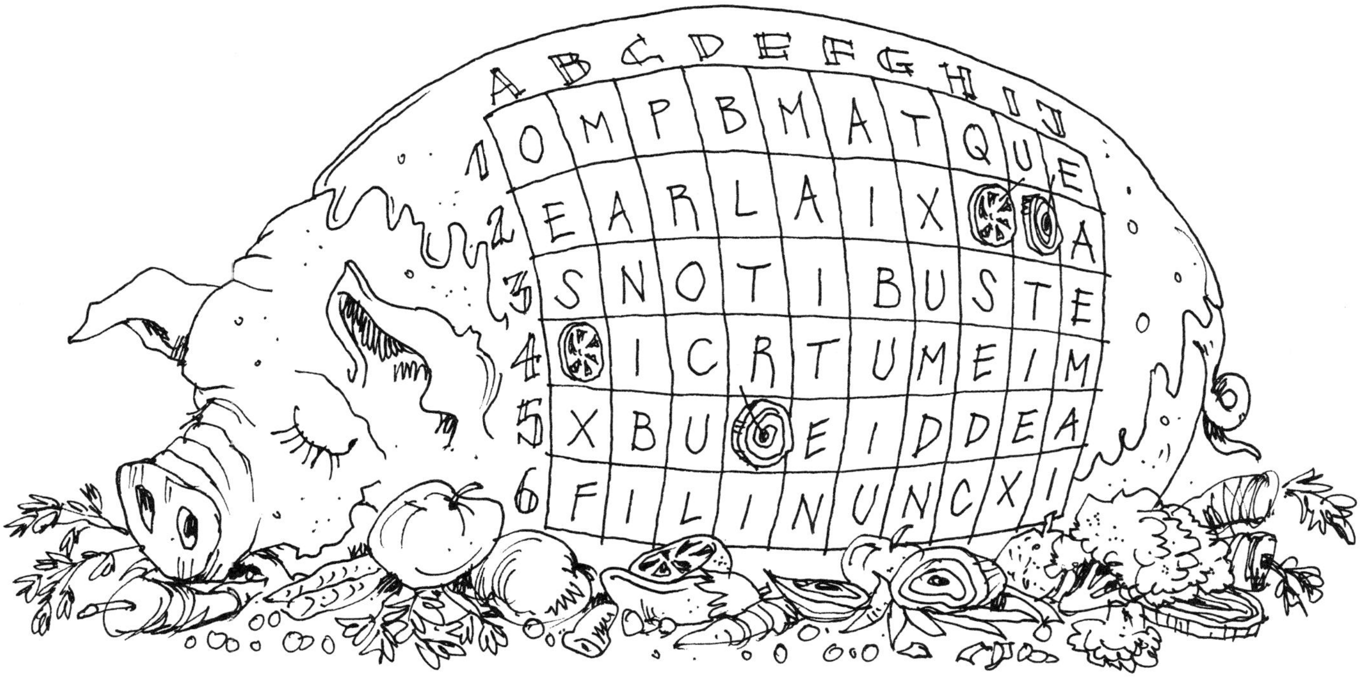

auch, sogar	....	und, und auch	....
von weitem	....	nun	....
aber	....	plötzlich	....
denn	....	dort	....
dann	....	schon	....

L▸D S. 44

Wildschweinesser: ....

1 Fehlt Subjekt oder Objekt?

Schreibe die Bezeichnungen der Satzglieder darüber. So kannst du feststellen, was dem Satz noch fehlt. Ergänze dann ein passendes Subjekt oder Akkusativ-Objekt aus dem Kasten.

eques – amicam – equum – amicas – familia – provinciam – amici – periculum

1. Quintus .... exspectat.
2. .... administro.
3. Nuntium .... apportat.
4. .... equos audiunt.
5. Serva .... timet.
6. Servos .... exspectat.
7. Flavia .... rogat.
8. Eques .... vocat.

2 Verb-Salat

Der Salatteller ist gefüllt mit lateinischen Verbformen, waagerecht und senkrecht, vorwärts und rückwärts zu lesen. Finde sie heraus für die unten stehenden deutschen Bedeutungen. Für eine findest du nichts auf dem Teller. Wie lautet sie lateinisch?

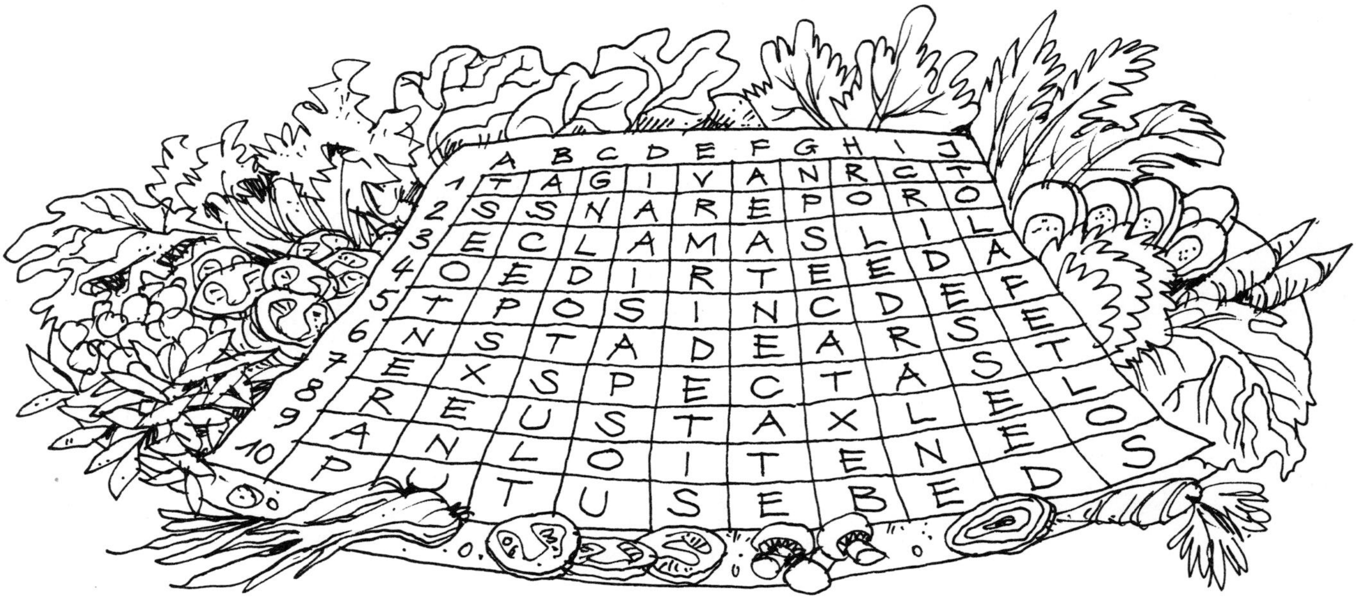

du wartest .... ich halte .... sie gehorchen ....

sie schweigen .... er segelt .... ich lache ....

du musst .... wir hören .... du schweigst ....

ihr lacht .... ich stehe .... du lachst ....

3 Auf nach Rom!

1. Ecce, eques appropinquat et M. Flavium Lepidum atque familiam salutat: „Salvete!" 2. Iam equi stant. 3. M. Flavius Lepidus nuntium salutat et rogat: „Salve etiam tu! Quid est? Quid apportas?" 4. Eques respondet: „Cur non properatis? Imperator te, Lepide, exspectat." 5. M. Flavius Lepidus: „Ecce, iam Romam venimus!" 6. Tum eques equos incitat[1]; equi statim parent et Romam properant.

[1] incitāre: antreiben

4 Verstanden?

Hier kannst du üben, Aussagen eines lateinischen Textes zu verstehen, ohne dass du ihn gleich ganz übersetzen musst. Gehe so vor:

1. Lies den ganzen Text zweimal langsam auf Lateinisch durch.
2. Kreuze dann bei den unten stehenden Fragen der Reihenfolge nach eine Antwort an.
3. Überprüfe, ob deine Antworten stimmen, indem du die entsprechende Stelle im lateinischen Text suchst und übersetzt. Schreibe als Beweis den lateinischen Satz heraus.

> Et Galla serva nuntium audit. Valde timet. Non gaudet. Syrum rogat: „Ubi est matrona?" Sed Syrus non respondet. Valde gaudet, nam in insulam Cretam navigare placet. Nunc matronam audiunt. Vocat: „Ubi estis? Cur non venitis?" Galla properat, lacrimas tenet.

	stimmt	*stimmt nicht*
▶ Galla möchte nicht nach Kreta fahren.	☒	❑
Non gaudet.		
1. Syrus fragt Galla etwas.	❑	❑
....		
2. Galla weiß nicht, wo die Matrona ist.	❑	❑
....		
3. Syrus möchte lieber in Rom bleiben.	❑	❑
....		
4. Galla hört die Matrona rufen.	❑	❑
....		
5. Die Matrona ruft nach Galla und Syrus.	❑	❑
....		
6. Galla und Syrus weinen.	❑	❑
....		

5 „Gerüttelt und geschüttelt"

Sortiere die Buchstaben: Um welche Vokabeln handelt es sich?

mut – modun – papaerporquin – amite – aeprer – mattis – mai – toibus

L▸D S. 44

Test S. 47

1 Verben am Stück

Markiere in dieser Wörterschlange alle Verbformen, schreibe sie in dein Heft und übersetze.

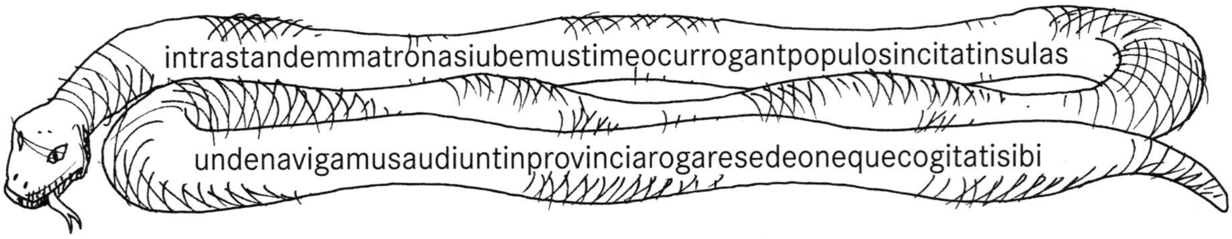

2 Wem gehört es?

Setze in den Genitiv und verteile sinnvoll.

amica, avus, consul, amici, senatores, servae, nuntius, imperator, eques, regina, matrona, dea

....	....	....	....
....	....	....	....
....	....	....	....

3 Einer sieht nichts im Circus.

1. „Quis ibi sedet?“ – „Ibi sedent senatores et amici senatorum. Etiam consulem video. Nunc pompa[1] venit.“ 2. „Quid apportant?“ – „Simulacra deorum et dearum apportant.“ 3. „Cur homines nunc tacent?“ – „Verba imperatoris audiunt.“ 4. „Cur populus clamat?“ – „Imperator signum spectaculi dat.“ 5. „Quis nunc intrat?“ – „Nunc nuntius intrat. Imperatorem salutat. Imperator ridet, certe verba nuntii placent.“ 6. „Quid audis?“ – „Verba nuntii non audio, sed clamorem hominum audio. 7. Et tu, hic sedes et me rogas. Cur non stas?“

[1] pompa, -ae f: Festzug

4 Flavia sieht ALLES!

Setze 15 Substantive aus dem Wortschatz 1–4 ein, auch im Plural, wenn es sinnvoll ist.

Flavia *amicum,* ....

....

.... videt.

5 Auf die ART kommt’s an.

Unterstreiche alle Begriffe, die eine Wortart bezeichnen.

Substantiv – Prädikat – Singular – Adjektiv – Konjugation – Maskulinum – Adverb –

Genus – Verb – Akkusativ – Objekt – Konjunktion – Hauptsatz – Nominativ – Subjekt

6 Rätsel im Sand

Ergänze die verwischten Buchstaben. – Die gesuchte Person ist: ....

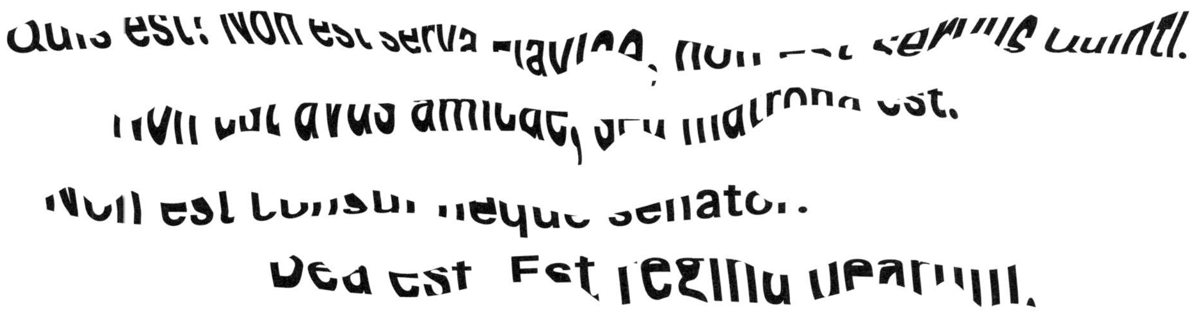

7 Keine Ahnung!

Hier folgt ein Ausschnitt aus einer Live-Reportage über ein Wagenrennen. Aber der Reporter hat offenbar keine Ahnung! Unterstreiche seine Fehler und berichtige in Stichworten am Rand.

„Der Circus Maximus ist voll besetzt bis auf den letzten Platz; 175 000 ....
Zuschauer sind gekommen, um das heutige Rennen mitzuerleben. ....
Ich sehe mehrere Senatoren; sie tragen zur Feier des Tages ihre schönste ....
palla. Nun kommt die pompa, ein beeindruckender Festzug; man zeigt ....
heute besonders viele Bilder von Kaisern. Doch jetzt steht der Kaiser auf, ...
um seine Rede zu halten. Alle hören seinen Begrüßungsworten aufmerk- ....
sam zu. Jetzt wird das rote Tuch auf die Startbahn geworfen. Und schon ....
kommen die Wagenlenker aus ihren Boxen. Sie werden nun zehn Mal die ....
spina umrunden. Da der Circus selbst 360 m lang ist, ist das eine recht ....
lange Strecke. Und schon dreht der erste Wagen um die Wendemarke. ....
Es wird ein spannendes Rennen werden!" ....

8 Sieh mal da!

Streiche die falschen Formen durch und übersetze.

Ibi			Dort
▶ est / ~~sunt~~	villa	~~avus~~ – ~~avo~~ – avi	*ist das Haus des Großvaters.*
1. est / sunt	amici	consuli – consulum – consules	....
2. est / sunt	servae	amicae – amicis – amicas	....
3. est / sunt	equus	eques – equitis – equiti	....
4. est / sunt	simulacra	dea – deas – dearum	....
5. est / sunt	donum	reginam – reginae – reginis	....
6. est / sunt	canes	servus – servorum – servos	....

L▸D S. 44

1 Geschenke!

Folgende Personen sollen ein Geschenk erhalten. Setze sie dafür in den Dativ.

amicus, servae, senatores, Flavia, nuntii, avus, orator, consul, eques, matrona

Quintus donum dat ....

....

2 In die Klassen, bitte!

Ordne zu und übersetze die Formen. Benutze für jede Klasse eine andere Farbe.

intrat – videmus – cogito – luditis – venis – quaeris – solent – plaudo – tacetis – decedunt – appropinquant – dormiunt – audimus – paro – pares – clamas

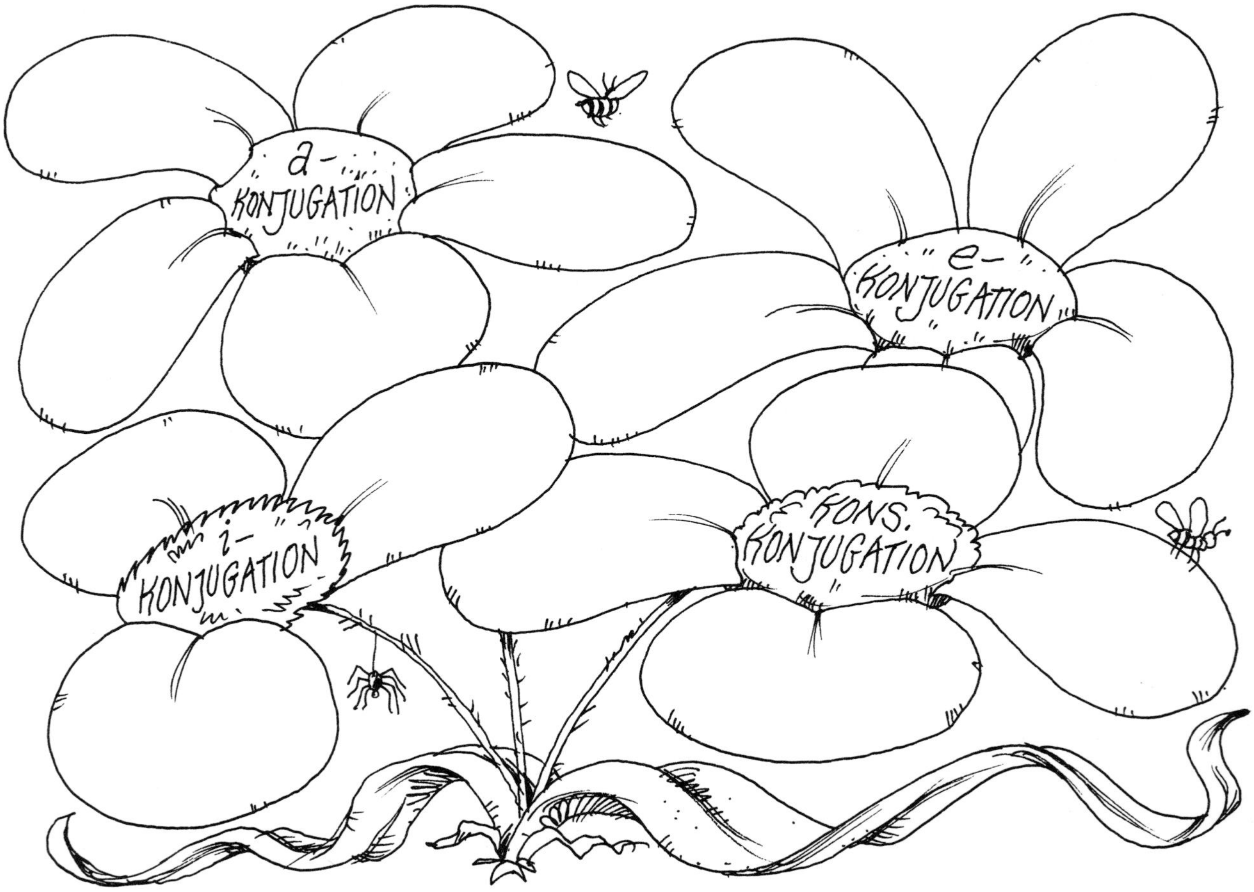

3 Irrläufer!

Ein Wort passt nicht in die Reihe. Unterstreiche es und begründe deine Entscheidung.

1. accurrere – properare – audire: ....
2. semper – pater – certe: ....
3. lego – nuntio – silentio: ....
4. vocatis – dicitis – noctis: ....
5. insula – provincia – fuga: ....

4 Zuckerplätzchen-Dieb

1. Galla serva ante coquinam[1] stat et lacrimas dat. 2. Dum servi et servae accurrunt, etiam M. Flavius Lepidus servae appropinquat. 3. Rogat: „Quid est? Cur lacrimas das?“ 4. Galla respondet: „Hic fures sunt, domine! 5. Crustula[2] quaero. Properare debeo, nam domina me exspectat. Sed crustula[2] hic non sunt!“ 6. Flavius Lepidus: „Ubi crustula[2] sunt? Quis furem dicit?“ 7. Servi valde timent, sed domino non parent. 8. Subito Hylax canis apparet et crustula[2] apportat.

[1] coquīna, -ae f: Küche [2] crūstulum, -ī n: Zuckerplätzchen

5 Farb-Sätze

Unterstreiche das Subjekt rot, das Genitiv-Attribut orange, das Dativ-Objekt gelb, das Akkusativ-Objekt grün und das Prädikat blau. Übersetze anschließend.

1. Homines oratori plaudunt. ....

2. Sed clamor hominum oratori non semper placet. ....

....

3. Tum orator hominibus signum dat. ....

....

4. Tandem homines tacent. ....

5. Oratori parent neque iam clamant. ....

.... 6. Nunc homines nuntium oratoris audiunt.

....

6 Wörter-Gitter

Setze die lateinischen Formen richtig zusammen und schreibe sie in das Gitter. Das Lösungswort nennt einen beliebten Aufenthaltsort der Römer.

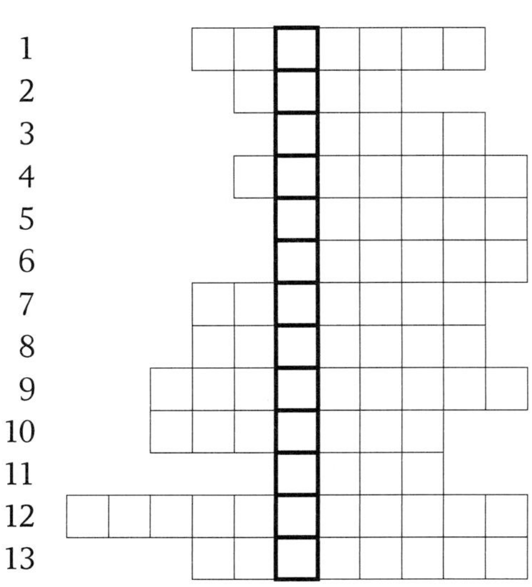

1. ihr befehlt	administra-	o
2. sie geben	cogita-	o
3. ich sitze	da-	o
4. wir sehen	decedi-	s
5. sie lesen	invad-	s
6. ich greife an	iube-	t
7. er, sie, es geht weg	legu-	t
8. du suchst	lud-	mus
9. ihr denkt	plaudu-	tis
10. du begrüßt	quaeri-	tis
11. ich spiele	saluta-	nt
12. er, sie, es verwaltet	sede-	nt
13. sie klatschen Beifall	vide-	nt

L▸D S.44

Test S. 48

1 Ankoppeln

Verbinde sinnvoll und schreibe die Übersetzung auf deine Linie.

amicis den	nova
dominum den	laetis
canis der	multos
senatores	maesto
insula die neue Insel	maestum
reo dem	magnus

2 Wortart-Ordnung

Sortiere in der Lernform ein.

oratoris – novis – magnis – dicitis – navis – pugnatis – armis – amoris – laetis – navigatis – matris – multis – clamoris – clamatis – aliis – signis – secundis

Substantive	Adjektive	Verben

3 Angriff!

1. Piratae in insulam Cretam navigant. 2. Laeti non sunt, nam sol ardet neque ventus est secundus. 3. Subito pirata clamat: „Non procul navem video!“ 4. Statim magister[1] piratarum: „Audite, amici, navi appropinquate! Properate!“ 5. Dum magister[1] nautas incitat, piratae gaudent et praedam[2] cogitant. 6. Tandem navi appropinquant, tum in navem transiliunt[3]. 7. Magnus est furor et clamor hominum: „Defendite navem! Necate piratas!“ 8. Sed piratae non timent; multos homines necant, alios in navem piratarum abducunt, praedam[2] sumunt. 9. Nunc valde gaudent, nam magna est praeda[2].

[1] magister (*hier*): Kapitän [2] praeda, -ae f: Beute
[3] trānsilīre: (hinüber)springen

4 Genau das Gegenteil!

Setze zunächst die passenden Prädikate in die Sätze ein. Fordere die Personen anschließend auf, das Gegenteil zu tun. Die entsprechenden Imperativformen findest du in dem Münzenhaufen verteilt. Lege die drei übrig gebliebenen Münzen in der richtigen Reihenfolge in die Schatzkiste. Wozu fordern sie dann auf?

▶ Amicae sedent. → State, amicae!

invadunt | cessat | clamant | maesta est | non audiunt

1. Amici .... → ....
2. Flavia .... → ....
3. Senatores .... → ....
4. Quintus .... → ....
5. Piratae homines .... → ....

5 Geheimbotschaft

Am Strand wird eine Flasche angespült. Darin befindet sich dieser Brief.
Um ihn verstehen zu können, musst du den Geheimcode entschlüsseln.
Ein Tipp: ✶☆✻✣✯ = timeo und ✻✡✼✣ = mare – das Meer

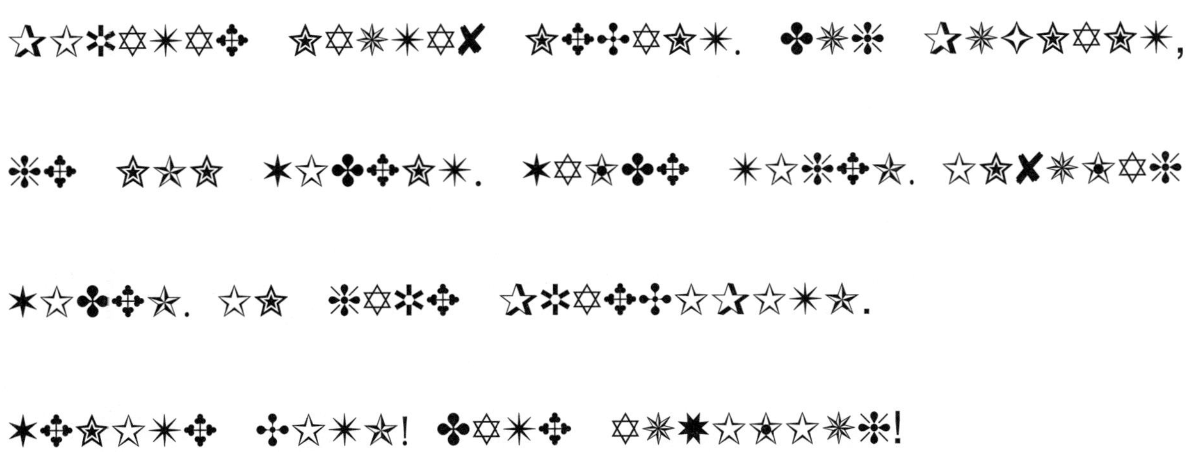

L▸D S. 44

1 Ab in die Ablativ-Kiste!

Bilde die Ablativform, füge sie in eine passende Kiste und übersetze mündlich.

aqua, asinus, amicae, servi, senatores, eques, equus, villa, imperator, provinciae, forum, iudex, fur, pater, navis, consul, serva, avus

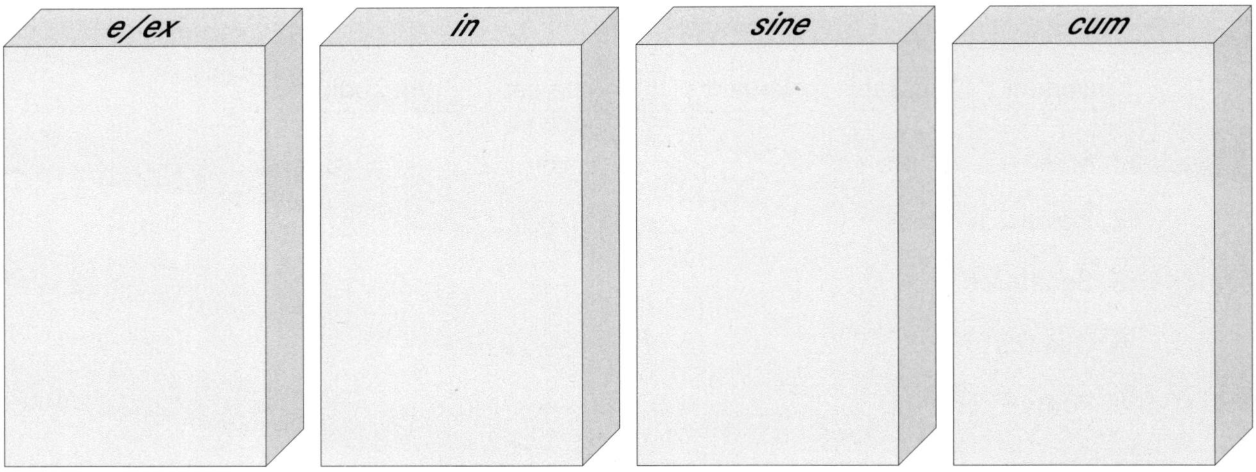

2 Satz mit Lücke

Suche für jede Lücke die passende Wendung heraus.

cum ardore | sine Flavia | cum furore | in circo[1]

cum serva | sine voluptate | cum aliis senatoribus

1. Consul .... sedet.
2. Dum homines .... spectaculum exspectant,
   Quintus .... in circum[1] accurrit.
3. Ibi avum Flaviae .... videt.
4. Tum equi apparent. Itaque homines .... plaudunt.
5. Dum Quintus .... spectaculum spectat,
   subito Flavia .... apparet.

3 Ja, was denn nun?

Welche der Übersetzungen ist die richtige für den lateinischen Satz?
Streiche in den falschen die Fehler an.

Dum amici in foro manent, servi in basilicam[1] properant, ubi medicum quaerunt.

A. Da bleiben die Freunde auf dem Forum, eilen die Sklaven in die Basilika, besuchen die Ärzte.

B. Während die Freunde auf dem Forum bleiben, suchen die Sklaven den Arzt dort in der Basilika.

C. Während die Freunde auf dem Forum bleiben, eilen die Sklaven in die Basilika, wo sie den Arzt suchen.

D. Während die Freunde auf dem Forum den Arzt suchen, eilen die Sklaven in die Basilika, da ist der Arzt.

4 Freunde des Freundes

1. Quintus cum Flavia in foro Romano ambulat. 2. Subito valde gaudet et dicit: „Vide, amica, ibi sunt Gaius atque Lucius et ludunt. Propera!“ 3. Dum Quintus ad amicos currit, Flavia venire cessat. 4. Diu ante tabernam[1] stat, nam magna cum voluptate ornamenta[2] spectat. 5. Tum Quintus iterum clamat: „Veni, Flavia! Quid est? Num amicos times?“ 6. Amici rident, sed Flavia maesta est. 7. Tandem Quintus sine amicis Flaviae appropinquat et rogat: „Quid in taberna[1] spectas? Placentne tibi[3] anuli[4]?“ 8. Flavia tacet. Itaque Quintus amicam cito abducit.

[1] taberna, -ae f: Laden [2] ōrnāmentum, -ī n: Schmuck [3] tibī: dir [4] ānulus, -ī m: Ring

5 Ubi est Quintus?

Das erfährst du, wenn du herausgefunden hast, wo die anderen sind. Kombiniere mithilfe der Zeichnung – die Namensschildchen helfen dir.

▶ 1. **T**itus	cum amica	properat.
2. **L**ydia	ex basilica[1]	iacet.
3. **M**edicus	in foro	currit.
4. **P**ater	in basilicam[1]	sedet.
5. **I**ulia	ex templo[1]	venit.
6. **O**rator	sine mente	ambulat.
7. **S**enator	ad oratorem	ludit.
8. Quintus	ante templum[1]	intrat.

6 Gute Frage

Übersetze die Fragen und gib auf Deutsch die erwartete Antwort.

1. Quintus patrem rogat: „Num furem defendis?“

....

2. Aulus Marcum rogat: „Nonne matri donum apportas.“

....

3. Pater Quintum rogat: „Mortuusne consul est?“

....

4. Mater Aulum et Marcum rogat: „Num Flaviae epistulas legitis?“

....

....

L ▸ D S. 44

Test S. 49

8

1 Alle kommen ins Schwimmbad.

Ein Anwalt, ein Richter, ein Senator, der Konsul, der Kaiser, ein Bote und ein Großvater treffen sich in den Thermen. Wenn du die Personen ins Lateinische übersetzt, ergeben die Anfangsbuchstaben das lateinische Wort für Schwimmbad.

....

....

Cuncti conveniunt in ___ ___ ___ ___ ___ ___ ___ *m.*

2 Stückweise

Setze die lateinischen Wörter zu den auf Deutsch angegebenen Wendungen zusammen.

1. mit den Freunden spazieren gehen ....
2. über das Leben nachdenken ....
3. von allen Fehlern frei sein ....
4. in dem Landhaus sitzen ....
5. ohne Bewusstsein daliegen ....
6. mit großem Vergnügen spielen ....
7. aus dem Tempel laufen ....
8. mit lauter Stimme rufen ....
9. bei Tagesanbruch zusammenkommen ....
10. in Gefahr sein ....
11. in der ganzen Stadt suchen ....

magna – cogitare – sine – voce – esse – ex – sedere – currere – mente – ludere – cum – magna – vacare – villa – de – convenire – templo' – in – quaerere – periculo – tota – in – cunctis – luce – ambulare – vita – voluptate – clamare – amicis – iacere – vitiis – prima – urbe

3 Farb-Sätze

Unterstreiche das Subjekt rot, das Genitiv-Attribut orange, das Dativ-Objekt gelb, das Akkusativ-Objekt grün, das Adverbiale braun und das Prädikat blau.

1. Tota urbe magnum clamorem audimus. 2. Homines in forum conveniunt, nam magnum spectaculum sperant. 3. Itaque oratores, dum foro appropinquant, clamoribus laetis salutant et plaudunt. 4. Dum unus ex oratoribus exemplum sapientiae magna voce dat, homines tacent.

4 Adjektiv verschiedenartig

Übersetze und notiere über den lateinischen Text, wo das Adjektiv als Attribut (Attr.), als Prädikatsnomen (PN) und als Praedicativum (Praed.) gebraucht ist.

1. Quintus maestus est, nam Flavia non iam in urbe est. Maestus in villa sedet.

....

....

2. Nunc semper solus est. Solus in foro ambulat. ....

....

3. Amicus Quinto dicit: „Semper de Flavia bella cogitas. Sed in insulam Cretam nunc navigat. Cur non novam amicam quaeris?“ ....

....

....

....

4. Quintus autem respondet: „Flaviam solam amo.“ ....

....

5. Tum ad templum[1] Veneris, deae amoris, properat. ....

....

6. Ibi vocat: „Magna dea, specta me maestum! Da Flaviae fortunam bonam! Da auxilium!“

....

....

5 Verbschlange

Bilde die Formen von der Schwanz- bis zur Zungenspitze.

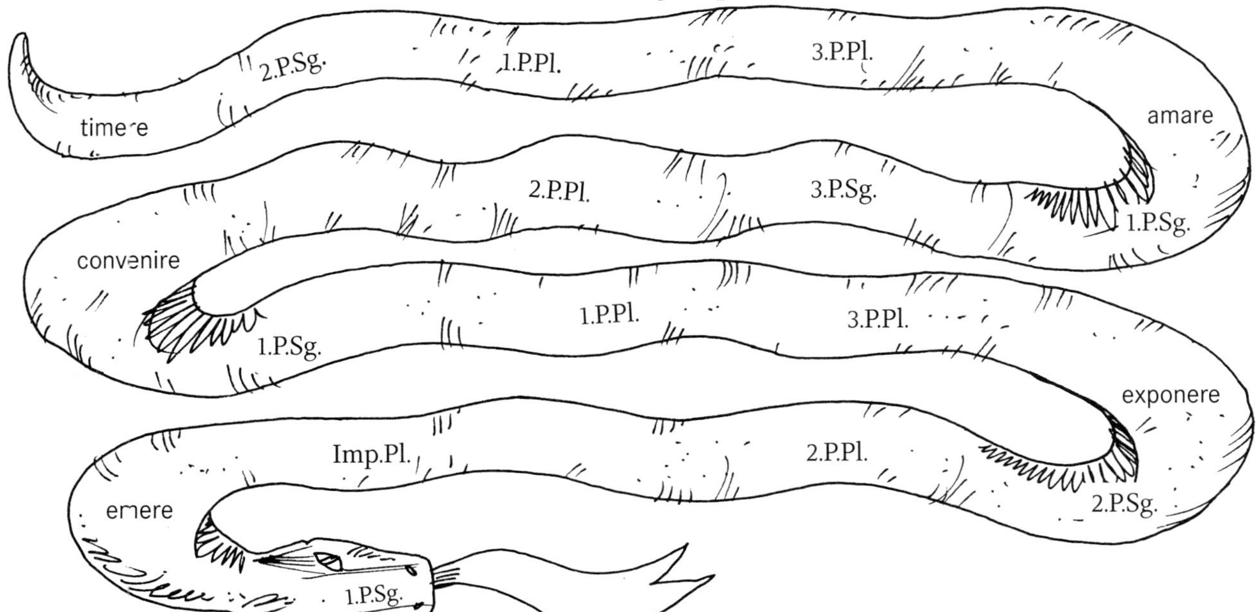

L ▸ D S. 45

1 Und in der Mitte?

Ergänze den in der Reihenfolge des Deklinationsschemas fehlenden Kasus.

▶ amicus	amici	amico
homines	....	hominibus
filio	....	cum filio
puerorum	....	pueros
exempli	....	exemplum
ager	....	agro
matronae	....	matronam

2 KonjugationsKlasseKisten

Bilde die Infinitive zu den Verbformen und sortiere sie in die Konjugationsklassen ein.

manetis – cogitas – invadunt – audio – currimus – dant – dico – quaeris – dormit – emitis – iubeo – ludis – exspectatis – propero – convenit – respondent – speramus – rides – sumit

a-Konj.	*e-Konj.*	*i-Konj.*	*Kons. Konj.*
	manere		

3 Kongruenz bringt Buchstaben.

Ergänze die fehlenden Buchstaben (ein Strich = ein Buchstabe). Du kannst sie daraus erschließen, dass zwischen Substantiv und Adjektiv Übereinstimmung in Kasus, Numerus und Genus (KNG-Kongruenz) besteht.

Akk. Pl. m.: homin*es* bonos *Abl. Sg. f.*: voce bell*a*

pueri laet ___ – reginam pulchr ___ ___ – magno cum clamor ___ – verb ___ ___ iucundis –

fortuna asper ___ – prim ___ ___ consulem – viri robust ___ – magn ___ ___ ager –

servitute miser ___ – totam noct ___ ___ – iudic ___ ___ durorum – aliis senator ___ ___ ___ ___ –

furem miser ___ ___ – magn ___ ___ templum[1] – exemplis bon ___ ___

4 Esse gefressen

Die Schlange hat die Formen von esse verschluckt. Streiche sie heraus und schreibe sie in der Reihenfolge des Konjugationsschemas auf. Trenne den restlichen Mageninhalt der Schlange voneinander und übersetze ihn.

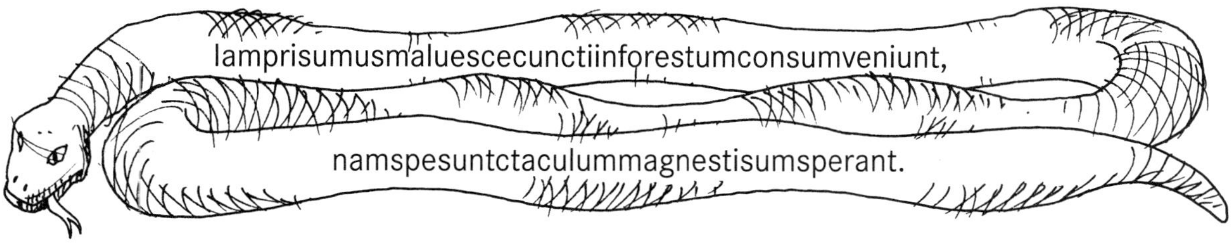

1.P.Sg. .... 2.P.Sg. .... 3.P.Sg. .... 1.P.Pl. .... 2.P.Pl. .... 3.P.Pl. ....

....

....

5 Gleiche Form – anderer Kasus

Schreibe die Bestimmung der doppeldeutigen Substantivform in das entsprechende Kästchen. Übersetze dann die Sätze.

1. A. Populus [Akk. Pl.] exspectat. ....
   [gladiatores[1]] ....
   B. Tum [ ] salutant. ....
2. A. Avus [ ] donum dat. ....
   [puero] ....
   B. Cum [ ] in insulam navigat. ....
3. A. Servorum [ ] misera est. ....
   [vita] ....
   B. De [ ] cogito. ....
4. A. Amicus [ ] ibi sedet. ....
   [medici] ....
   B. Nunc [ ] villam intrant. ....

6 Sklavenkauf

1. Mango[1]: „Appropinquate, domini! Emite pulchras et bellas servas Germanicas[2]!" 2. Rutilius: „Ego servum robustum quaero." 3. Mango[1]: „Veni, domine! Hic habeo multos et robustos servos Graecos[2], Gallos[2], Africos[2]." 4. Rutilius: „Pueri sunt et non viri robusti." 5. Mango[1]: „Nonne robusti sunt? Vitio vacant et valent. Vide, domine! Quam bonus et robustus est Glaucon!" 6. Rutilius: „Quid dicis? Ego oculos habeo. Glaucon non valet. Ego servum robustum et asperum quaero." 7. Tandem Rutilius servum robustum videt et emit.

L▸D S. 45

Test S. 50

[1] māngo, -ōnis m: Sklavenhändler [2] *Adjektiv zum Ländernamen*

1 Bau die Mauer ab!

In der Mauer findest du die lateinischen Bausteine zu den deutschen Verbformen. Male sie jeweils in einer Farbe an und schreibe die lateinische Übersetzung auf. Vier Backsteine bleiben übrig. Sie nennen dir den lateinischen Namen der Hauptstadt Frankreichs.

la	ba	pon	ra	e	u	ced
ag	tu	lu	e	mu	ba	
ta	bo	t	tis	e	duc	s
veni	i	m	ba	pet	ba	
im	te	tis	ab	ti	sta	con
o	nt	e	ba	nt	mus	a

1. ihr arbeitetet ....
2. du stelltest auf ....
3. ihr handelt ....
4. er griff an ....
5. sie führten weg ....
6. sie setzen hinein ....
7. wir verändern ....
8. ich gebe nach ....
9. ich traf ....

Lösungswort: ....

2 Als Großvater klein war ...

Großvater erzählt, wie es früher war. Aber er erinnert sich nicht mehr an die Orte. Hilf ihm und setze die passende Orts- oder Richtungsangabe ein.

in agris – in insula – in urbe – in villa – in foro – in provincia – ante villam – in provinciam – in agrum – ad forum – in insulas

Avus narrat:

1. Multi piratae .... navigabant.
2. Puellae et pueri .... ludebant.
3. .... homines cum amicis ambulabant.
4. .... magnus clamor erat.
5. Servi atque servae semper .... laborabant.
6. Imperator .... properabat.

3 Über die Gallier

1. Diu C. Iulius Caesar cum Gallis pugnabat. 2. Nam Galli robusti erant neque mortem horrebant. 3. Neque Romanis cedebant, etsi iam multi viri mortui erant. 4. Magno cum clamore in pugnas praecipitabant. 5. Nam magna pericula non timebant, sed servitutem duram.

4 Zeit-Tafel mit Lücken

Trage die fehlenden Formen ein.

Präsens	Übersetzung	Imperfekt	Übersetzung
est	er, sie, es ist		
		petebamus	
			ich bemühte mich
cedunt			
	du arbeitest		
		sumebat	
sum			
		conveniebatis	
			wir verteidigten

5 Gleiches Wort – unterschiedliche Bedeutung

Übersetze mit der passenden Bedeutung.

1. Servi semper in agris laborabant.

....

....

Laborantne amici? Statim auxilium dare debetis.

....

....

2. Pater puerum in equum imponit.

....

....

Romani multis hominibus servitutem imponebant.

....

....

3. Multi homines cibo carent.

....

....

Pauci vitiis carent.

....

....

4. Romani cum Gallis pugnare statuunt.

....

....

Romani in templis[1] simulacra deorum statuere solebant.

....

....

6 Wort drin

In den Wörtern verstecken sich andere. Unterstreiche sie und notiere zu beiden die deutsche Bedeutung.

Feld
agere – clamor – currere – donum – incito – maestus – sedere – solus
tun

L ▸ D S. 45

1 Person-Zeichen

Trage die Person-Zeichen ein.

	1.P.Sg.	2.P.Sg.	3.P.Sg.	1.P.Pl.	2.P.Pl.	3.P.Pl.
Präsens						
Perfekt						

2 Stamm und Stamm

Unterstreiche alle Bedeutungsteile im Präsensstamm rot und alle im Perfektstamm blau.

portav specta mis time lud abdux ars mitt

ced expon paru audiv plaus supera trah stude

3 In die Reihe, Stammformen!

Sortiere die Verbanfänge aus dem Kasten ein und ergänze die deutsche Bedeutung.

Infinitiv	1.P.Sg. Präsens	1.P.Sg. Perfekt	deutsche Bedeutung
……re	……o	……i	
……re	……o	……i	
……re	……o	……i	
……re	……o	……i	
……re	……o	……i	
……re	……o	……i	
……re	……o	……i	
……re	……o	……i	

rogav serv impone stude trah mans mitte tace rog imposu stude trahe
tacu roga studu mitt mane impon mis serva trax mane servav tace

4 Quintus träumt.

1. Quintus: „Salve, Aule! Quam gaudeo te videre! Sed dic: Quid Romae agis? Cur in Creta non iam es?“ 2. Aulus: „Creta non placuit. Nihil iucundum ibi erat, vitam miseram vixi. Ego urbem et spectacula amo, sed ibi neque equi neque gladiatores[1] boni erant.“ 3. Quintus: „Itaque desperavisti et ex insula decessisti. Quid pater dixit? Tene Romam misit?“ 4. Aulus: „Patrem non rogavi. Nocte villa cessi et navem quaesivi.“ 5. Quintus: „Nonne nautae causam rogaverunt? Sine verbo patris te Romam portaverunt?“ 6. Aulus: „Sic est, Quinte!“

5 „Sein“ in allen Zeiten

Ergänze die fehlenden Buchstaben und die Übersetzung.

Präsens	Imperfekt	Perfekt		Präsens	Präteritum	Perfekt
u	e m	fu	ich			g
e	ra	isti	du			e
t	e a	i	er, sie, es			w
su	ram	mu	wir			e
is	e s	f is	ihr			s
un	n	ue	sie			e n

6 Erzählen …

Fuit quondam parva puella, quam cuncti amabant, aviae autem carissima erat. Avia aliquando puellae cucullum rubrum donavit; quo ornata cunctis placebat. Itaque puellam appellaverunt Rubrocucullam.

Es war einmal ein kleines Mädchen, das hatten alle lieb, am liebsten aber war es der Großmutter. Die Großmutter schenkte dem Mädchen einmal ein rotes Käppchen; mit diesem gefiel es allen. Daher nannten sie das Mädchen Rotkäppchen.

a) Unterstreiche alle Verbformen im deutschen Text. In welchem Tempus stehen sie?

………………………………………………………

b) Markiere die lateinischen Imperfektformen und ihre deutschen Entsprechungen farbig. In welchem Tempus stehen die übrigen lateinischen Verbformen?

………………………………………………………

Erklärung: Im Lateinischen ist die Erzählzeit das ………………………, im Deutschen dagegen das ………………………. Im Lateinischen steht Imperfekt, wenn der (länger andauernde) Hintergrund für die Geschehnisse dargestellt wird.

7 Einsatz

In den Verbformen fehlen Buchstabengruppen. Setze sie ein und übersetze mündlich.

dix……unt – audie……us – port……s – egis……s – mi……s

quae……vi – stab…… – mans…… – di……nt – quae……us

misi……i – ambul……am – sedeb……s – dorm……s – iu……i

L▸D S. 45

Test S. 51

ab	amu	at	ati	bam	cu	er	it	iti	rim	si	ss	st	ti	tti

1 Perfekt in die Kiste

Sortiere die Verben nach ihrer Perfekt-Bildungsart. Schreibe den Bedeutungsteil im Perfektstamm dazu.

v	u	s

Dehnung	Reduplikation	ohne Veränderung
agere, eg-		

~~agere~~ – audire – carere – currere – dare – defendere – descendere – dicere – invadere – legere – mittere – movere – mutare – negare – parare – parere – respondere – sedere – stare – statuere – studere – sumere – tacere – tangere – videre – vivere

2 Infinitiv im Satz

Setze die von der Bedeutung her passenden Infinitive ein, übersetze mündlich und gib im Kästchen dahinter an, ob der Infinitiv im Satz das S ubjekt oder das O bjekt ist.
Tipp: Stelle eine Frage nach dem Infinitiv und achte bei der Frage darauf, ob sie schon ein Subjekt enthält. Dann ist der Infinitiv das Objekt.

▶ Was ist erlaubt? – Spielen ist erlaubt. (S)
Was beabsichtigt er? – Zu spielen beabsichtigt er. (O)

1. Dum legimus, ... non licet. ☐
2. Consul per forum .... solet. ☐
3. Placet oratorem .... ☐
4. Servi .... debent, non licet servis .... ☐ ☐
5. Nonne amicos .... cogitas? ☐

clamare – ambulare – defendere – laborare – ludere – audire

3 Wörter-Gitter

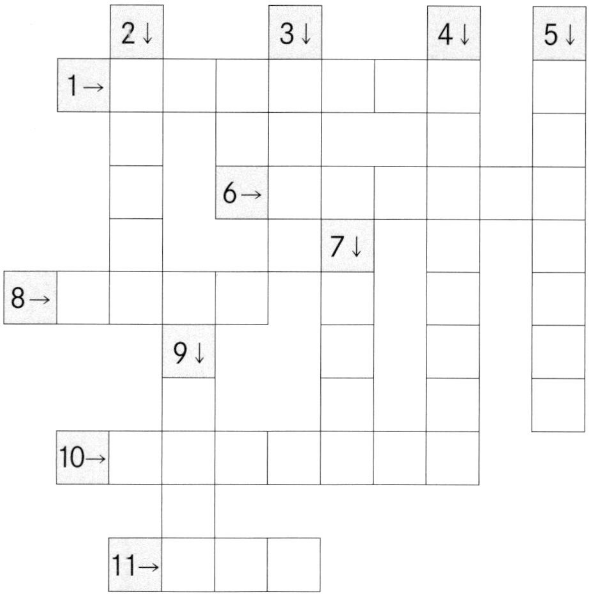

Trage mithilfe der Silben die lateinischen Wörter ein für:

1. menschlich
2. heute
3. Waffen
4. beschließen
5. Preis
6. ändern
7. Abendessen
8. Bewusstsein
9. Gott
10. retten
11. so

ar – ce – de – die – ere – ho – hu – ma – ma – mens – mu – na – nus – pre – re – re – ser – sic – sta – ta – tium – tu – us – va

4 Hoffnung?

1. Quintus diu de fabula cogitabat: „Deucalioni et Pyrrhae deos precibus movere licuit. 2. Cur ego deos adhuc non movi? 3. Cur Iuppiter, quamquam genus humanum delere[1] cogitabat, mentem mutavit? 4. Cur Deucalionem et Pyrrham solos servavit? 5. Certe pii fuerunt et deos semper coluerunt. 6. Nonne et ego pius sum? Semper deos colo et eis[2] sacrifico. 7. Cur dei me non audiunt? Quid eis[2] non placet? 8. Viro et feminae dederunt genus humanum reparare[3], cur mihi[4] Flaviam non dant?“

[1] dēlēre: vernichten, auslöschen [2] eīs: ihnen [3] reparāre: wiederherstellen [4] mihī: mir

5 Lücken-Los

Ergänze die fehlenden Buchstaben am Ende der Verbformen.

Präsens	Imperfekt	Perfekt
ludi	ludebamus	lus ....
rogo	roga	rogav ....
vivi	vive	vixit
dormiu	dormiebant	dormiv ....
tangis	tange	tetig ....
impon	impone	imposui
veniunt	venie	ven ....
defendi	defendebatis	defend ....
iube	iubeba	iussisti

L▸D S. 45

1 Genus-Ordnung

Markiere alle Maskulina rot, alle Feminina gelb und alle Neutra grün.

ager – ara – caput – corpus – cura – epistula – eques – exemplum – fur – genus – hospes – humanitas – imperator – iudex – labor – mater – medicus – mens – mors – mos – nauta – navis – nomen – nox – numen – regina – salus – signum – simulacrum – sol – sors – tergum – urbs – ventus – victor

Kennst du auch alle deutschen Bedeutungen? Lass dich abhören.

2 Formen basteln

Stelle die Verbformen aus den vorgegebenen Bestandteilen zusammen.

Präsensstamm	ambula-, audi-, fle-, labora-, leg-, tace-
Perfektstamm	cognov-, ded-, defend-, interrogav-, putav-, scrips-
Tempus-Zeichen	-ba-, -ba-, -ba-, -era-, -era-, -era-
Person-Zeichen	-mus, -t, -tis, -o, -s, -isti, -nt, -it, -i, -mus, -nt, -tis

1. ich habe gefragt ....
2. ihr hört ....
3. er hat gegeben ....
4. du weinst ....
5. ihr hattet geglaubt ....
6. sie schwiegen ....
7. sie hatten erkannt ....
8. sie ging spazieren ....
9. ich lese ....
10. wir arbeiteten ....
11. du hast geschrieben ....
12. wir hatten verteidigt ....

3 Endlich!

1. Quintus epistulam Flaviae iterum atque iterum legebat. 2. Quam laetus erat, quam gaudebat! 3. Dei preces audiverant, fortunam amicae in bonum verterant. 4. Flavia mortua non erat. Serva quidem[1] erat, sed vivebat. 5. Tum Quintus magno cum gaudio[2] ad bibliothecam[1] cucurrit, ubi pater sedebat et scribebat. 6. „Audi, pater! Nuntium bonum et iucundum tibi apporto: 7. Flavia adhuc vivit, dei eam[3] servaverunt. Statim in Galliam properare debemus.“ 8. Tum Domitius: „Quid dicis, Quinte? ... O di magni! Gratias[4] vobis agimus.“

[1] quidem: zwar [2] gaudium, gaudiī n: Freude [3] eam: sie [4] grātiās agere: danken

Mit den hier angegebenen Lösungen kannst du deine Ergebnisse kontrollieren. Führe diese Kontrolle sorgfältig durch, verbessere Fehler und übe Dinge, bei denen du nicht sicher warst. Lösungswörter werden in der Regel entsprechend dem Zeilenverlauf aufgeführt.

Zwei Erläuterungen zu den Übersetzungen:

( ) kennzeichnet Übersetzungsmöglichkeiten zur Wahl; z. B. in Übung 1.3, Satz 6 kann man übersetzen: „... ist keine Stille" oder „... herrscht keine Stille".

[ ] kennzeichnet Wörter, für die im Lateinischen keine Vokabel dasteht, die wir aber im Deutschen hinzufügen müssen, damit es sprachlich richtig klingt; z. B. in Übung 2.2, Satz 5 soll man übersetzen „... warten gefällt [ihr] nicht", auch wenn für „ihr" kein Wort im Lateinischen steht.

Lektionsteil

1 **1** Substantiv: Hauptwort – Genus: Geschlecht – Subjekt: Satzgegenstand – Maskulinum: männlich – Singular: Einzahl – Verb: Tätigkeitswort – Neutrum: sächlich – Prädikat: Satzaussage – Infinitiv: Grundform – Femininum: weiblich

2 1. ardere – 2. cur – 3. amica – 4. clamare – 5. exspectare – 6. et – 7. placet – 8. asinus – 9. tacere – 10. quid

3 1. Wo ist der Esel? 2. Quintus steht da und blickt sich suchend um. Er ruft. 3. Warum kommt der Esel nicht? 4. Auch der Hund schweigt. 5. Plötzlich bellt der Hund. 6. Quintus freut sich: Es ist (herrscht) keine Stille mehr und der Esel kommt.

4 Ubi est amica? Cur non venit? Non placet exspectare. Sol ardet. Silentium est. Subito canis clamat. Ecce amica venit.

5 Vor dem Wort, das Subjekt ist, steht ein S, vor dem Wort, das Prädikat ist, ein P. – 1. (S) Quintus (P) stat. (S/P) Exspectat. Tipp : Hier steckt das Subjekt im Prädikat. Unterstreiche daher das letzte -t rot. – 2. (S) Amica venire (P) cessat. Tipp: venire kann nicht das Prädikat sein, denn es steht im Infinitiv. – 3. Subito (S) canis (P) latrat. – 4. (S) Quis (P) venit? (S) Amica (P) est. Tipp: Auch Fragewörter oder Pronomen, wie z. B. wer, sie oder wir, können natürlich Subjekt sein.

Übersetzung: 1. Quintus steht da und wartet. 2. Die Freundin lässt sich Zeit zu kommen. 3. Plötzlich bellt der Hund. 4. Wer kommt? Es ist die Freundin.

6 individuelle Lösung (vgl. Schülerbuch S. 11 und 13)

2 **1** Imperativ Singular: Salve, Marce, serva, Flavia, amice, Quinte, amica, Aule, Galla, Syre, serve! Tipp: Hast du bei den Substantiven auf -us darauf geachtet, dass sie im Vokativ das -e haben? – Imperativ Plural: Salvete, amici, servae, servi, amicae!

2 1. Die Sklavin Galla ist im Garten. 2. Sie steht unter einem Baum und wartet, aber die Freunde kommen nicht. 3. Wo sind die Sklaven? 4. Warum lassen sich die Sklavinnen Zeit zu kommen? 5. Galla lacht nicht, denn warten gefällt [ihr] nicht. 6. Plötzlich ruft jemand: „Galla, Galla!" Wer ist es? 7. Sicherlich sind es die Freunde. 8. Nun lacht Galla, denn die Sklavinnen kommen näher (kommen herbei).

3 atrium – triclinium – toga – peristyl – tunica – palla – pater familias – stola; Lösungswort: salutant

4 A2/A5: Der Sklave Syrus schweigt/schreit. – B1/B3/B4: Quintus und Flavia lachen/beeilen sich/erscheinen. – C3/C4/C6: Die Pferde eilen/erscheinen/gefallen. – D6: Die Geschenke gefallen. – E1/E3/E4: Die Sklavinnen lachen/beeilen sich/erscheinen. – F2/F5: Die Frau schweigt/schreit.

5 In Klammern ist das Anfangsfeld des Wortes angegeben. – auch, sogar: etiam (E5) – und, und auch: atque (F1) – von weitem: procul (C1) – nun: nunc (E6) – aber: sed (H3) – plötzlich: subito (H3) – denn: nam (B3) – dann: tum (E4) – schon: iam (E3) – dort: ibi (B4) – Wildschweinesser: Obelix, Asterix, Idefix

3 **1** 1. (S) Quintus (O) amicam (P) exspectat. – 2. (O) Provinciam (S/P) administro. – 3. (O) Nuntium (S) eques (P) apportat. – 4. (S) Amici (O) equos (P) audiunt. – 5. (S) Serva (O) periculum (P) timet. – 6. (O) Servos (S) familia (P) exspectat. – 7. (S) Flavia (O) amicas (P) rogat. – 8. (S) Eques (O) equum (P) vocat.

2 du wartest: exspectas (A7) – ich halte: teneo (F9) – sie gehorchen: parent (A10) – sie schweigen: tacent (F9) – er segelt: navigat (G1) – ich lache: rideo (E4) – du musst: debes (I10) – wir hören: audimus (nicht dabei) – du schweigst: taces (G7) – ihr lacht: ridetis (E4) – ich stehe: sto (C7) – du lachst: rides (I2)

3 1. Schau, ein Reiter nähert sich und begrüßt Marcus Flavius Lepidus und seine Familie: „Seid gegrüßt!" 2. Schon stehen die Pferde. 3. Marcus Flavius Lepidus begrüßt den Boten und fragt: „Sei auch du gegrüßt! Was ist? Was bringst du?" 4. Der Reiter antwortet: „Warum beeilt ihr euch nicht? Der Kaiser erwartet dich, Lepidus." 5. Marcus Flavius Lepidus [sagt]: „Schau, wir kommen schon nach Rom!" 6. Da treibt der Reiter die Pferde an; die Pferde gehorchen sofort und eilen nach Rom.

4 1. stimmt nicht: Syrum rogat. Syrum steht im Akk. – 2. stimmt: Die Frage „Ubi est matrona?" ist von Galla. – 3. stimmt nicht: Syrus freut sich sehr (valde gaudet), als er die Nachricht hört. Die Begründung: nam in insulam Cretam navigare placet. – 4. stimmt: Beide, Syrus und Galla, hören die Matrona (Nunc matronam audiunt.). Galla folgt dem Ruf der Matrona (Galla properat.). – 5. stimmt: Im Ausruf der Matrona stehen die Verbformen in der 2.P. Pl.: „Ubi estis? Cur non venitis?"– 6. stimmt nicht: Keiner weint. Galla ist zwar dem Weinen nahe, aber es heißt lacrimas tenet.

Übersetzung: Auch die Sklavin Galla hört die Nachricht. Sie fürchtet sich sehr. Sie freut sich nicht. Sie fragt Syrus: „Wo ist die Matrona?" Aber Syrus antwortet nicht. Er freut sich sehr, denn es gefällt [ihm], zur Insel Kreta zu fahren. Jetzt hören sie die Matrona. Sie ruft: „Wo seid ihr? Warum kommt ihr nicht?" Galla beeilt sich, sie hält ihre Tränen zurück.

5 tum – donum – appropinquare – etiam – parere – statim – iam – subito

4 **1** intras: du trittst ein – iubemus: wir befehlen – timeo: ich fürchte – rogant: sie fragen – incitat: er treibt an – navigamus: wir segeln – audiunt: sie hören – rogare: fragen – sedeo: ich sitze – cogitatis: ihr denkt

2 zum Beispiel: villa avi/consulis/amicorum – donum senatorum/imperatoris/deae – canis nuntii/matronae/servarum – equus amicae/equitis/reginae

3 1. „Wer sitzt dort?" – „Dort sitzen die Senatoren und die Freunde der Senatoren. Ich sehe auch den (einen) Konsul. Jetzt kommt der Festzug." 2. „Was tragen sie?" – „Sie tragen die Bilder der Götter und Göttinnen." 3. „Warum schweigen die Menschen jetzt?" – „Sie hören den Worten des Kaisers zu." 4. „Warum schreit (jubelt) das Volk?" – „Der Kaiser gibt das Zeichen zum Schauspiel." 5. „Wer tritt jetzt ein?" – „Jetzt tritt ein Bote ein. Er grüßt den Kaiser. Der Kaiser lacht, sicherlich gefallen [ihm] die Worte des Boten." 6. „Was hörst du?" – „Die Worte des Boten höre ich nicht, aber das Geschrei der Menschen höre ich. 7. Und du, du sitzt hier und fragst mich. Warum stehst du nicht?"

4 Flavia solem, villam/villas, canem/canes, asinum/asinos, amicam/amicas, matronam/matronas, servum/servos, servam/servas, familiam/familias, amicum/amicos, donum/dona, equum/equos, equitem/equites, nuntium/nuntios, imperatorem/imperatores, insulam/insulas, provinciam/provincias, periculum/pericula, lacrimam/lacrimas, hominem/homines, spectaculum/spectacula, consulem/consules, senatorem/senatores, avum/avos, populum/populos, simulacrum/simulacra, deum/deos, deam/deas, reginam/reginas, signum/signa videt.

5 Wortarten: Substantiv, Adjektiv, Adverb, Verb, Konjunktion

6 Lösung: Iuno – Übersetzung: Wer ist es? Es ist nicht die Sklavin der Flavia, es ist nicht der Sklave des Quintus. Es ist nicht der Großvater der Freundin, sondern es ist eine Frau. Es ist nicht der Konsul und auch nicht ein Senator. Es ist die Königin der Göttinnen.

7 Folgende Fehler macht der Reporter: Der Circus Maximus fasste 250 000 Zuschauer. – Die palla ist ein Umhang für Frauen, Senatoren tragen die toga. – In der pompa werden Bilder von Göttern gezeigt. – Das Tuch, mit dem der Veranstalter das Signal zum Start gibt, ist weiß. – Die Wagen müssen die Strecke sieben Mal zurücklegen. – Spina ist die Mittelstrecke, die Wendemarke heißt meta. – Der Circus ist 630 m lang.

8 1. Ibi sunt amici consulum. – Dort sind die Freunde der Konsuln. 2. Ibi sunt servae amicae. – Dort sind die Sklavinnen der Freundin. 3. Ibi est equus equitis. – Dort ist das Pferd des Reiters. 4. Ibi sunt simulacra dearum. – Dort sind die Bilder der Göttinnen. 5. Ibi est donum reginae. – Dort ist das Geschenk der Königin. 6. Ibi sunt canes servorum. – Dort sind die Hunde der Sklaven.

5 1 Quintus donum dat amico, servis, senatoribus, Flaviae, nuntiis, avo, oratori, consuli, equiti, matronae.

2 a-Konjugation: intrat – er, sie, es tritt ein; cogito – ich denke; appropinquant – sie nähern sich; paro – ich bereite, clamas – du schreist; e-Konjugation: videmus – wir sehen; solent – sie pflegen; tacetis – ihr schweigt; pares – du gehorchst; i-Konjugation: venis – du kommst; dormiunt – sie schlafen; audimus – wir hören; Kons. Konjugation: luditis – ihr spielt; quaeris – du suchst; plaudo – ich klatsche Beifall; decedunt – sie gehen weg

3 1. audire: ist kein Verb der Bewegung – 2. pater: ist kein Adverb, sondern ein Substantiv – 3. lego: ist eine Verbform in der 1.P. Sg.; bei den Substantivformen der o-Dekl. zeigt das -o Dat. und Abl. Sg. an. – 4. noctis: ist eine Substantivform im Gen. Sg.; bei den Verbformen ist -tis das Person-Zeichen für die 2.P. Pl. – 5. fuga: bezeichnet nichts Geographisches, nichts in der Landschaft

4 1. Die Sklavin Galla steht vor der Küche und weint. 2. Während die Sklaven und Sklavinnen herbeilaufen, nähert sich auch Marcus Flavius Lepidus der Sklavin. 3. Er fragt: „Was ist [los]? Warum weinst du?“ 4. Galla antwortet: „Hier sind (gibt es) Diebe, Herr! 5. Ich suche die Zuckerplätzchen. Ich muss mich beeilen, denn die Herrin erwartet mich. Aber die Zuckerplätzchen sind nicht hier!“ 6. Flavius Lepidus [sagt]: „Wo sind die Zuckerplätzchen? Wer nennt den Dieb?“ 7. Die Sklaven fürchten sich sehr, aber sie gehorchen dem Herrn nicht. 8. Plötzlich erscheint der Hund Hylax und trägt die Zuckerplätzchen herbei.

5 Die Satzgliedbestimmung steht in Klammern davor. 1. (S) Homines (Dat.-O) oratori (P) plaudunt. – Die Menschen applaudieren dem Redner. 2. Sed (S) clamor (Gen.-Attr.) hominum (Dat.-O) oratori non semper (P) placet. – Aber das Geschrei (der Jubel) der Menschen gefällt dem Redner nicht immer. 3. Tum (S) orator (Dat.-O) hominibus (Akk.-O) signum (P) dat. – Da gibt der Redner den Menschen ein Zeichen. 4. Tandem (S) homines (P) tacent. – Endlich schweigen die Menschen. 5. (Dat.-O) Oratori (S/P) parent neque iam (S/P) clamant. – Sie gehorchen dem Redner und schreien (jubeln) nicht mehr. 6. Nunc (S) homines (Akk.-O) nuntium (Gen.-Attr.) oratoris (P) audiunt. – Nun hören die Menschen die Botschaft des Redners an.

6 1. iubetis – 2. dant – 3. sedeo – 4. videmus – 5. legunt – 6. invado – 7. decedit – 8. quaeris – 9. cogitatis – 10. salutas – 11. ludo – 12. administrat – 13. plaudunt – Lösungswort: Basilica Iulia

6 1 amicis laetis: den fröhlichen Freunden/Freundinnen – dominum maestum: den traurigen Herrn – canis magnus: der große Hund – senatores multos: viele Senatoren – insula nova: die neue Insel – reo maesto: dem traurigen Angeklagten

2 Substantive: orator, navis, arma, amor, mater, clamor, signum; Adjektive: novus, magnus, laetus, multi, alius, secundus; Verben: dicere, pugnare, navigare, clamare

3 1. Die Piraten segeln zur Insel Kreta. 2. Sie sind nicht froh, denn die Sonne brennt und der Wind ist nicht günstig (es weht kein günstiger Wind). 3. Plötzlich schreit ein Pirat: „Nicht weit entfernt sehe ich ein Schiff!“ 4. Sofort [ruft] der Kapitän der Piraten: „Hört, Freunde (Leute), nähert euch dem Schiff! Beeilt euch!“ 5. Während der Kapitän die Seeleute antreibt, freuen sich die Piraten und denken an die Beute. 6. Endlich nähern sie sich dem Schiff, dann springen sie auf das Schiff. 7. Groß ist die Raserei (die Angst) und das Geschrei der Menschen: „Verteidigt das Schiff! Tötet die Piraten!“ 8. Aber die Piraten fürchten sich nicht; sie töten viele Menschen, verschleppen andere auf das Schiff der Piraten (das Piratenschiff), nehmen die Beute. 9. Nun freuen sie sich sehr, denn die Beute ist groß.

4 1. Amici clamant. – Tacete, amici! 2. Flavia maesta est. – Es laeta, Flavia! 3. Senatores non audiunt. – Audite, senatores! 4. Quintus cessat. – Propera, Quinte! 5. Piratae homines invadunt. – Defendite homines, piratae! – Lösungswort: Ludite!

5 Piratae nautas necant. Dum pugnant, me non vident. Valde timeo. Insulam video. In mare praecipito. Venite cito! Date auxilium!

7 1 zum Beispiel: ex villa, provinciis; in equo, foro, nave; sine aqua, asino, amicis, imperatore, iudice, serva; cum servis, senatoribus, equite, fure, patre, consule, avo

2 1. in circo 2. cum ardore; sine Flavia 3. cum aliis senatoribus 4. cum furore 5. sine voluptate; cum serva

3 Richtig ist Übersetzung C. – In A: dum mit tum verwechselt, ubi ausgelassen, Bedeutung von quaerere („suchen“, nicht „besuchen“) falsch, medicum mit Plural übersetzt. – In B: ubi mit ibi verwechselt, dadurch ist der Satzbau falsch, es muss NS, HS, NS sein, properant ausgelassen. – In D: Teile aus den Sätzen durcheinandergebracht: medicum quaerunt gehört in den letzten Nebensatz, manent ausgelassen, ubi mit ibi verwechselt, medicum doppelt übersetzt.

4 1. Quintus geht mit Flavia auf dem Forum Romanum spazieren. 2. Plötzlich freut er sich sehr und sagt: „Schau, Freundin, dort sind Gaius und Lucius und sie spielen. Beeil dich!“ 3. Während Quintus zu den Freunden läuft, zögert Flavia zu kommen. 4. Lange steht sie vor einem Laden, denn sie betrachtet mit großem Vergnügen Schmuckstücke. 5. Da ruft Quintus wieder: „Komm, Flavia! Was ist? Hast du etwa Angst vor meinen Freun-

den?" 6. Die Freunde lachen, aber Flavia ist traurig. 7. Endlich nähert sich Quintus Flavia ohne seine Freunde (kommt Quintus ohne seine Freunde zu Flavia hin) und fragt: „Was betrachtest du in dem Laden? Gefallen dir die Ringe?" 8. Flavia schweigt. Deshalb bringt Quintus seine Freundin schnell weg.

5 1. Titus ex templo currit. 2. Lydia ante templum sedet. 3. Medicus in basilicam intrat. 4. Pater ad oratorem properat. 5. Iulia cum amica ambulat. 6. Orator ex basilica venit. 7. Senator sine mente iacet. 8. Quintus in foro ludit.

6 1. Quintus fragt seinen Vater: „Verteidigst du etwa den Dieb?" – erwartete Antwort: „Nein, das tue ich nicht." 2. Aulus fragt Marcus: „Bringst du Mutter etwa kein Geschenk?" – erwartete Antwort: „Selbstverständlich bringe ich ihr ein Geschenk." 3. Der Vater fragt Quintus: „Ist der Konsul tot?" – erwartete Antwort: „Ja." oder „Nein." 4. Die Mutter fragt Aulus und Marcus: „Lest ihr etwa Flavias Briefe?" – erwartete Antwort: „Nein, so etwas tun wir doch nicht."

8 **1** patronus, iudex, senator, consul, imperator, nuntius, avus – Lösungswort: piscina – Überschrift: Cuncti conveniunt in piscinam.

2 1. cum amicis ambulare – 2. de vita cogitare – 3. cunctis vitiis vacare – 4. in villa sedere – 5. sine mente iacere – 6. magna voluptate ludere – 7. ex templo currere – 8. magna voce clamare – 9. prima luce convenire – 10. in periculo esse – 11. tota urbe quaerere

3 Die Satzgliedbestimmung steht in Klammern davor. – 1. (Adv.) Tota urbe (Akk.-O) magnum clamorem (S/P) audimus. 2. (S) Homines (Adv.) in forum (P) conveniunt, nam (Akk.-O) magnum spectaculum (P) sperant. 3. Itaque (Akk.-O) oratores, dum (Dat.-O) foro (P) appropinquant, (Adv.) clamoribus laetis (P) salutant et (P) plaudunt. 4. Dum (S) unus ex oratoribus (Akk.-O) exemplum (Gen.-Attr.) sapientiae (Adv.) magna voce (P) dat, (S) homines (P) tacent.

4 1. Quintus ist (PN) traurig, denn Flavia ist nicht mehr in der Stadt. (Praed.) Traurig sitzt er in der Villa. 2. Er ist jetzt immer (PN) allein. (Praed.) Allein geht er auf dem Forum spazieren. 3. Ein Freund sagt zu Quintus: „Immer denkst du an die (Attr.) schöne Flavia. Aber sie segelt nun zur Insel Kreta. Warum suchst du [dir] nicht eine (Attr.) neue Freundin?" 4. Quintus aber antwortet: „Ich liebe Flavia (Praed.) allein (nur Flavia)." 5. Dann eilt er zum Tempel der Venus, der Göttin der Liebe (der Liebesgöttin). 6. Dort ruft er: „(Attr.) Große Göttin, betrachte mich (Praed.) Traurigen! Gib Flavia ein (Attr.) gutes Schicksal! Gewähre Hilfe (Hilf)!"

5 times – timemus – timent – amo – amat – amatis – convenio – convenimus – conveniunt – exponis – exponitis – exponete – emo

9 **1** hominum – filium – pueris – exemplo – agri – matronae

2 a-Konj.: cogitare, dare, exspectare, properare, sperare; e-Konj.: manere, iubere, respondere, ridere; i-Konj.: audire, dormire, convenire; Kons. Konj.: invadere, currere, dicere, quaerere, emere, ludere, sumere

3 pueri laeti – reginam pulchram – magno cum clamore – verbis iucundis – fortuna aspera – primum consulem – viri robusti – magnus ager – servitute misera – totam noctem – iudicum durorum – aliis senatoribus – furem miserum – magnum templum – exemplis bonis

4 sum – es – est – sumus – estis – sunt; Iam prima luce cuncti in forum conveniunt, nam spectaculum magnum sperant. – Schon bei Tagesanbruch kommen alle auf dem Forum zusammen, denn sie hoffen auf ein großes Schauspiel.

5 1A Akk. Pl.: Das Publikum wartet auf die Gladiatoren. – 1B Nom. Pl.: Dann grüßen die Gladiatoren. – 2A Dat. Sg.: Der Großvater gibt dem Jungen ein Geschenk. – 2B Abl. Sg.: Er segelt mit dem Jungen zu einer Insel. – 3A Nom. Sg.: Das Leben der Sklaven ist elend. – 3B Abl. Sg.: Ich denke oft über das (mein) Leben nach. – 4A Gen. Sg.: Der Freund des Arztes sitzt dort. – 4B Nom. Pl.: Jetzt betreten die Ärzte das Landhaus.

6 1. Ein Sklavenhändler: „Kommt herbei, [ihr] Herren! Kauft hübsche und schöne germanische Sklavinnen!" 2. Rutilius: „Ich suche einen kräftigen Sklaven." 3. Der Sklavenhändler: „Komm, Herr! Hier habe ich viele kräftige Sklaven, griechische, gallische, afrikanische." 4. Rutilius: „Das sind Jungen und keine kräftigen Männer." 5. Der Sklavenhändler: „Sie sind nicht kräftig? Sie haben keinen Fehler und sie sind gesund. Schau, Herr! Wie gut und stark Glaucon ist!" 6. Rutilius: „Was sagst du? Ich habe [doch] Augen [im Kopf]. Glaucon ist nicht gesund. Ich suche einen kräftigen und groben Sklaven." 7. Endlich sieht Rutilius einen kräftigen Sklaven und kauft [ihn].

10 **1** 1. laborabatis – 2. statuebas – 3. agitis – 4. petebat – 5. abducebant – 6. imponunt – 7. mutamus – 8. cedo – 9. conveniebam – Lösungswort: Lutetia

2 1. in insulas – Viele Piraten segelten zu den Inseln. 2. in villa/ante villam – Die Mädchen und Jungen spielten in/vor dem Landhaus. 3. in urbe/in foro – In der Stadt/Auf dem Forum gingen die Menschen mit ihren Freunden spazieren. 4. in urbe/in foro – In der Stadt/Auf dem Forum war großer Lärm. 5. in agris – Die Sklaven und Sklavinnen arbeiteten immer auf den Feldern. 6. in provinciam/ad forum – Der Kaiser eilte in die Provinz/zum Forum.

3 1. Lange kämpfte Gajus Julius Cäsar mit den Galliern 2. Die Gallier waren nämlich stark und sie erschraken auch nicht vor dem Tod (sie schauderten auch nicht vor dem Tod zurück). 3. Und sie wichen den Römern nicht, auch wenn schon viele Männer tot waren. 4. Mit großem Geschrei stürzten sie sich in die Kämpfe. 5. Denn sie fürchteten nicht große Gefahren, sondern harte Knechtschaft.

4 est: er, sie, es ist – erat: er, sie, es war; petimus: wir bitten – petebamus: wir baten; studeo: ich bemühe mich – studebam: ich bemühte mich; cedunt: sie gehen – cedebant: sie gingen; laboras: du arbeitest – laborabas: du arbeitetest; sumit: er, sie, es nimmt – sumebat: er, sie, es nahm; sum: ich bin – eram: ich war; convenitis: ihr kommt zusammen – conveniebatis: ihr kamt zusammen; defendimus: wir verteidigen – defendebamus: wir verteidigten

5 1. Die Sklaven arbeiteten immer auf den Feldern. – Leiden die Freunde? Ihr müsst sofort Hilfe leisten. 2. Der Vater setzt den Jungen auf das Pferd. – Die Römer legten vielen Menschen die Sklaverei auf (brachten). 3. Viele Menschen haben keine Nahrung. – Wenige sind frei von Fehlern. 4. Die Römer beschließen, mit den Galliern zu kämpfen. – Die Römer pflegten in den Tempeln Bilder der Götter aufzustellen.

6 clamor: Geschrei; clamo: ich schreie/amor: Liebe – currere: laufen; cur: warum – donum: Geschenk; do: ich gebe/num: etwa – incito: ich treibe an; in: in, an, auf/cito: schnell – maestus: traurig; est: er, sie, es ist – sedere: sitzen; sed: aber – solus: allein; sol: Sonne

11 **1** Präsens: -o, -s, -t, -mus, -tis, -nt; Perfekt: -i, -isti, -it, -imus, -istis, -erunt

2 Bedeutungsteile im Präsensstamm: specta, time, lud, mitt, ced, expon, supera, trah, stude; Bedeutungsteile im Perfektstamm: portav, mis, abdux, ars, paru, audiv, plaus
3 rogare, rogo, rogavi – fragen, bitten; servare, servo, servavi – retten, bewahren; imponere, impono, imposui – setzen, stellen, legen (in, an, auf), bringen, auferlegen; studere, studeo, studui – sich bemühen (um), wollen, sich bilden; trahere, traho, traxi – ziehen; manere, maneo, mansi – bleiben; mittere, mitto, misi – schicken; tacere, taceo, tacui – schweigen
4 1. Quintus: „Hallo, Aulus! Wie freue ich mich, dich zu sehen! Aber sag: Was machst du in Rom? Warum bist du nicht mehr auf Kreta?“ 2. Aulus: „Kreta hat [mir] nicht gefallen. Dort war (gab es) nichts Erfreuliches, ich habe ein unglückseliges Leben gelebt. Ich liebe die Stadt und die Schauspiele, aber dort waren (gab es) weder Pferde noch gute Gladiatoren.“ 3. Quintus: „Deshalb bist du verzweifelt und bist von der Insel weggegangen. Was hat dein Vater gesagt? Hat er dich nach Rom geschickt?“ 4. Aulus: „Ich habe meinen Vater nicht gefragt. Ich habe nachts die Villa verlassen und habe ein Schiff gesucht.“ 5. Quintus: „Haben denn die Seeleute nicht nach einem Grund gefragt? Ohne ein Wort deines Vaters haben sie dich nach Rom gebracht?“ 6. Aulus: „So ist es (Stimmt), Quintus!“
5 Präsens: sum, es, est, sumus, estis, sunt – ich bin, du bist, er, sie, es ist, wir sind, ihr seid, sie sind; Imperfekt: eram, eras, erat, eramus, eratis, erant – ich war, du warst, er, sie, es war, wir waren, ihr wart, sie waren; Perfekt: fui, fuisti, fuit, fuimus, fuistis, fuerunt – ich bin gewesen, du bist gewesen, er, sie, es ist gewesen, wir sind gewesen, ihr seid gewesen, sie sind gewesen
6 a) Die Verbformen im deutschen Text stehen im Präteritum: (es) war, (sie) hatten lieb, (es) war, (sie) schenkte, (es) gefiel, (sie) nannten. b) amabant – (sie) hatten lieb; erat – (es) war; placebat – (es) gefiel. Die nicht markierten lateinischen Verbformen stehen im Perfekt. Erklärung: Im Lateinischen ist die Erzählzeit das Perfekt, im Deutschen dagegen das Präteritum.
7 dixerunt – sie haben gesagt; audiebamus – wir hörten; portamus – wir tragen; egistis – ihr habt getan; mittis – du schickst; quaesivi – ich habe gesucht; stabat – er, sie, es stand; mansit – er, sie, es ist geblieben; dicunt – sie sagen; quaerimus – wir suchen; misisti – du hast geschickt; ambulabam – ich ging spazieren; sedebatis – ihr saßt; dormitis – ihr schlaft; iussi – ich habe befohlen

12 1 v-Perfekt: audire, audiv-; mutare, mutav-; negare, negav-; parare, parav-; u-Perfekt: carere, caru-; parere, paru-; studere, studu-; tacere, tacu-; s-Perfekt: dicere, dix-; invadere, invas-; mittere, mis-; sumere, sumps-; vivere, vix-; Dehnungsperfekt: legere, leg-; movere, mov-; sedere, sed-; videre, vid-; Reduplikationsperfekt: currere, cucurr-; dare, ded-; respondere, respond-; stare, stet-; tangere, tetig-; Perfekt ohne Veränderung: defendere, defend-; descendere, descend-; statuere, statu-
2 1. Dum legimus, clamare non licet. – Während wir lesen, ist es nicht erlaubt zu schreien (ist schreien nicht erlaubt). – Was ist nicht erlaubt? – Subjekt – 2. Consul per forum ambulare solet. – Der Konsul pflegt über das Forum zu spazieren. – Was pflegt der Konsul (zu tun)? – Objekt – 3. Placet oratorem audire. – Es gefällt den Redner zu hören. – Was gefällt? – Subjekt – 4. Servi laborare debent, non licet servis ludere. – Sklaven müssen arbeiten, Sklaven ist es nicht erlaubt zu spielen. – Was müssen Sklaven (tun)? Was ist Sklaven nicht erlaubt? – laborare: Objekt; ludere: Subjekt – 5. Nonne amicos defendere cogitas? – Beabsichtigst du denn nicht, die Freunde zu verteidigen? – Was beabsichtigst du (zu tun)? – Objekt
3 1. humanus – 2. hodie – 3. arma – 4. statuere – 5. pretium – 6. mutare – 7. cena – 8. mens – 9. deus – 10. servare – 11. sic
4 1. Quintus dachte lange über die Geschichte nach: „Deukalion und Pyrrha war es möglich, die Götter durch Bitten zu bewegen. 2. Warum habe ich die Götter bisher [noch] nicht bewegt? 3. Warum hat Jupiter, obwohl er beabsichtigte, das Menschengeschlecht zu vernichten, seine Denkweise (Meinung) geändert? 4. Warum hat er allein (nur) Deukalion und Pyrrha gerettet? 5. Sicher waren sie fromm und haben die Götter immer verehrt. 6. Bin nicht auch ich fromm? Immer verehre ich die Götter und opfere ihnen. 7. Warum erhören die Götter mich nicht? Was gefällt ihnen nicht? 8. Sie haben dem Mann und der Frau [die Möglichkeit] gegeben, das Menschengeschlecht wiederherzustellen, warum geben sie mir Flavia nicht?“
5 ludimus, ludebamus, lusimus – rogo, rogabam, rogavi – vivit, vivebat, vixit – dormiunt, dormiebant, dormiverunt – tangis, tangebas, tetigisti – impono, imponebam, imposui – veniunt, veniebant, venerunt – defenditis, defendebatis, defendistis – iubes, iubebas, iussisti

13 1 Maskulina: ager, eques, fur, hospes, imperator, iudex, labor, medicus, mos, nauta, sol, ventus, victor; Feminina: ara, cura, epistula, humanitas, mater, mens, mors, navis, nox, regina, salus, sors, urbs; Neutra: caput, corpus, exemplum, genus, nomen, numen, signum, simulacrum, tergum
2 1. interrogavi – 2. auditis – 3. dedit – 4. fles – 5. putaveratis – 6. tacebant – 7. cognoverant – 8. ambulabat – 9. lego – 10. laborabamus – 11. scripsisti – 12. defenderamus
3 1. Quintus las Flavias Brief wieder und wieder. 2. Wie fröhlich war er, wie freute er sich! 3. Die Götter hatten die Bitten erhört, sie hatten das Schicksal seiner Freundin zum Guten gewendet. 4. Flavia war nicht tot. Sie war zwar Sklavin, aber sie lebte. 5. Dann lief Quintus mit großer Freude zur Bibliothek, wo sein Vater saß und schrieb. 6. „Hör, Vater! Ich bringe dir eine gute und erfreuliche Nachricht: 7. Flavia lebt noch, die Götter haben sie gerettet. Wir müssen sofort nach Gallien eilen.“ 8. Darauf [sagt] Domitius: „Was sagst du, Quintus?... Oh, ihr großen Götter! Wir danken euch.“
4 Inschrift: „... ist hier hingelegt (liegt hier begraben). Leb wohl, Aiacius.“
5 Griffel: stilus; Wachs: cera; Wachstafel: tabula cerata; Päckchen aus Wachstafeln: codex; Schreibfeder: calamus
6 Cuncti homines, viri feminaeque, servi civesque me amant. Verba cunctorum hominum, virorum feminarumque, servorum civiumque audire mihi licet. Cunctis hominibus, viris feminisque, servis civibusque valde placeo. Cunctos homines, viros feminasque, servos civesque saepe convenio. Cum cunctis hominibus, viris feminisque, servis civibusque per forum ambulare soleo.
7 1. nomine – 2. maria – 3. corpus – 4. filii – 5. genus – 6. ventorum

14 1 Niemand glaubt, 1. dass Pferde Briefe schreiben. 2. ..., dass eine Königin auf den Feldern arbeitet. 3. ..., dass Angeklagte einen Richter verteidigen. 4. ..., dass die Götter die Menschen fürchten. 5. ..., dass Hunde Geschichten lesen.
2 Substantivformen (ein A bedeutet Akkusativ; in Klammern steht der Nominativ): timore (timor), fugam A (fuga), vocem A (vox), ardore (ardor), nomen A (nomen), arma A (arma), amicas A (amica), iter A (iter), curam A (cura), genus A (genus), periculum A (periculum), oculus (oculus), corpora A (corpus), imperatore (imperator), causa (causa), patriam A

(patria), patres A (pater), numen A (numen), clamore (clamor), naves A (navis), consule (consul); Infinitive: dare, ardere, amare, timere, imponere, carere, petere

3 1. prima luce: beim ersten Tageslicht – 2. diu: lange – 3. multas horas: viele Stunden lang – 4. in spectaculo: während des Schauspiels – 5. dum dormiunt: während sie schlafen

4 1. Quintus schlenderte über das Forum, als Aulus sich plötzlich näherte und schon von weitem rief: 2. „Hallo, Quintus! Wie freue ich mich, dass Flavia Sklavin in Gallien ist!" – 3. „Was höre ich? Du freust dich, dass meine Freundin in Sklaverei ist?" – 4. „Ich habe [es] nicht gut gesagt (habe mich nicht gut ausgedrückt). Ich freue mich, dass Flavia, auch wenn sie Sklavin ist, nicht tot ist. So nämlich ist es möglich, sie zurückzukaufen." – 5. „Wir haben in der Tat vor, nach Gallien zu eilen. Aber sag mir: Woher weißt du, dass meine Freundin noch lebt?" – 6. „Weißt du denn nicht, dass Sulpicia in der ganzen Stadt allen Leuten das (vom) Schicksal Flavias erzählt?" – 7. „Große Götter! Der Vater hat der Mutter [doch] befohlen, über Flavia zu schweigen."

5 1. „Subjekt": reum, „Prädikat": flere – Der Richter sieht, dass der Angeklagte sehr weint. 2. „Subjekt": patronum, „Prädikat": defendere – Alle hören, dass der Anwalt den Angeklagten mit schönen Worten verteidigt. 3. „Subjekt": cives, „Prädikat": timere – Der Konsul hat gehört, dass die Bürger sich sehr vor den Piraten fürchten. 4. „Subjekt": deos, „Prädikat": defendere – Ich glaube, dass die Götter die Menschen immer vor Gefahren in Schutz nehmen.

6 1. Infinitiv: Lesen macht allen Menschen Spaß. 2. AcI: Wir glauben, dass alle Menschen lesen. 3. Infinitiv: Der Herr sagt: „Den Sklaven ist es nicht erlaubt, auf dem Forum zu spielen." 4. AcI: Der Herr hat gehört, dass die Sklaven auf dem Forum spielen. 5. AcI: Wir haben gehört, dass die Konsuln über das Forum spazieren. 6. Infinitiv: Die Konsuln pflegen über das Forum zu spazieren.

15 **1** 1. tuus 2. nostri 3. meum 4. tua 5. vestrae 6. mea 7. noster 8. tui 9. vestrae 10. nostra

2 verbis acribus: mit heftigen (scharfen) Worten – itinere facili: auf leichtem (einfachem) Weg – hominum mortalium: der sterblichen Menschen – causam gravem: den schweren (ernsten) Grund – tempus breve: eine kurze Zeit – reginas felices: die glücklichen Königinnen

3 venire, venio, veni: kommen; quaerere, quaero, quaesivi: suchen, fragen; frangere, frango, fregi: (zer)brechen; aperire, aperio, aperui: öffnen; tollere, tollo, sustuli: hochheben, beseitigen; mittere, mitto, misi: schicken

4 1. mihi, tibi, sibi, nobis, vobis – 2. me, te, se, nos, vos – 3. pro me, pro te, pro se, pro nobis, pro vobis

5 nox brevis: die/eine kurze Nacht, reginae pulchrae: der schönen Königin/die schönen Königinnen, gladio acri: mit einem scharfen Schwert, montem altum: den hohen Berg, iuvenis miser: der arme junge Mann, iter longum: der weite Weg , curas graves: die schweren Sorgen, cum hominibus felicibus: mit fröhlichen Menschen

6 1. Aufidius hatte sich umgänglich gezeigt und Domitius die Mädchen überlassen. 2. Dann hatte er alle in das Haus seines Bruder geführt. 3. Während sie dort saßen und sich dem Vergnügen des Schauspiels hingaben (sich bei dem Schauspiel vergnügten), dachte Quintus bei sich: „Flavia hat ein schweres Schicksal ertragen (erlitten), lange hat sie ein armseliges Leben geführt. 4. Jetzt aber ist sie fröhlich. Sicher freut sie sich sehr, dass sie endlich frei ist; sicher ist niemand so glücklich wie Flavia." 5. Dann wendete er die Augen zu seiner Freundin (blickte er hinüber zu seiner Freundin). Aber Flavia merkte nichts. 6. Es schien nämlich, dass die Freundin mit großem Vergnügen die Pantomime betrachtete.

7 1. amicam meam, non amicam fratris 2. epistulam tuam, non epistulam consulis 3. de patre nostro, non de patre amicorum 4. gladio meo, non gladio patris 5. avo vestro, non avo pueri 6. verba nostra, non verba iudicis 7. cum filio tuo, non cum filio senatoris 8. frater meus, non frater medici 9. equos vestros, non equos equitis

8 Präpositionen mit Ablativ: ab, ex, sine, de, pro, cum

16 **1** 1. promittere – promisisse 2. tenere – tenuisse 3. descendere – descendisse 4. frangere – fregisse 5. movere – movisse 6. agere – egisse 7. scribere – scripsisse 8. colere – coluisse 9. ponere – posuisse 10. tangere – tetigisse 11. currere – cucurrisse 12. cognoscere – cognovisse

2 1. „Subjekt": Venerem deam, „Prädikat": promisisse – Wir haben gehört, dass die Göttin Venus dem jungen Mann Paris die schönste Frau versprochen hat. 2. „Subjekt": Helenam, „Prädikat": (pulcherrimam feminam) fuisse – Alle wissen, dass Helena die schönste Frau von allen (die schönste aller Frauen) gewesen ist. 3. „Subjekt": Iuvenem, „Prädikat": abduxisse – Sie erzählen, dass der junge Mann Helena mit sich nach Troia gebracht habe. 4. „Subjekt": Graecos, „Prädikat": pugnavisse – Wir haben gelesen/Wir lesen, dass die Griechen lange mit den Troianern gekämpft haben. 5. „Subjekt": Troianos, „Prädikat": putavisse, traxisse – Sie erzählen, dass die Troianer das Pferd für ein Geschenk für Minerva gehalten und in ihre Stadt gezogen hätten.

3 1. plaudit mihi, tibi, ei, nobis, vobis, eis – 2. cognoscit me, te, eum/eam, nos, vos, eos/eas – 3. cogitat de me, de te, de eo/ea, de nobis, de vobis, de eis

4 Paris erzählt – Paris narrat 1. ..., dass er nach Sparta gesegelt sei. – ... se Spartam navigavisse. 2. ..., dass er Helena getroffen habe. – ... se Helenam convenisse. 3. ..., dass er sie sofort geliebt habe. – ... se eam statim amavisse. 4. ..., dass er die Frau auf einem Schiff nach Troia gebracht habe. – ... se feminam nave Troiam portavisse. 5. ..., dass er nun mit Helena in Troia lebe. – ... se cum Helena nunc Troiae vivere. 6. ..., dass er die Griechen nicht fürchte. – ... se Graecos non timere.

5 a) 2. eum – 3. cum eo – 4. eius, eum – 5. Is – b) 2. eas – 3. cum eis – 4. earum, eas – 5. Eae

6 1B, 2C, 3C, 4B – Lösungssatz: Romani deos colunt.

17 **1** 1. liberat, liberabit, liberabat: befreien – 2. narramus, narrabimus, narrabamus: erzählen – 3. favetis, favebitis, favebatis: gewogen sein – 4. surgunt, surgent, surgebant: aufstehen – 5. ponis, pones, ponebas: setzen, stellen, legen – 6. aperimus, aperiemus, aperiebamus: öffnen – 7. scribo, scribam, scribebam: schreiben – 8. sustineo, sustinebo, sustinebam: aushalten

2 1. leges 2. errant 3. cognovi 4. spectabam 5. parebit 6. audient 7. scripsit 8. traxeramus 9. putabitis 10. cadebamus 11. risit 12. interrogamus.

3 1. Aemilia: „Flavia hat uns viel über den Kaiser Trajan erzählt, aber nicht alles. 2. Heute wird Calvus uns zum Forum des Trajan führen und das Übrige erzählen, denn er hat Krieg mit den Dakern geführt." – 3. Flavius Lepidus: „Mit wem werdet ihr durch die Stadt spazieren, Aemilia? Wem wird Calvus über den Dakerkrieg erzählen? 4. Ich werde nicht mit euch kommen, weil ich die Sonne nicht aushalte. 5. Quintus wird in der Basilica Iulia sein, wo sein Vater den Prozess für den Senator Rabirius führen wird. 6. Und du, Flavia, wirst zu Hause bleiben, weil du dich um das Abendessen kümmern wirst. 7. Sag, Aemilia: Wirst (Willst) du Flavia nicht helfen?"

4 1. Quis – Minerva 2. Cui – Venus 3. Quocum – Helena 4. Quem – Iuno 5. Quis – Troiani 6. Cuius – Menelaus – Lösungswort: Kassandra

5 Präsens: sum, es, est, sumus, estis sunt – ich bin, du bist, er, sie, es ist, wir sind, ihr seid, sie sind; Futur: ero, eris, erit, erimus, eritis, erunt – ich werde sein, du wirst sein, er, sie, es wird sein, wir werden sein, ihr werdet sein, sie werden sein; Imperfekt: eram, eras, erat, eramus, eratis, erant – Präteritum: ich war, du warst, er, sie, es war, wir waren, ihr wart, sie waren; Perfekt: fui, fuisti, fuit, fuimus, fuistis, fuerunt – ich bin gewesen, du bist gewesen, er, sie, es ist gewesen, wir sind gewesen, ihr seid gewesen, sie sind gewesen; Plusquamperfekt: fueram, fueras, fuerat, fueramus, fueratis, fuerant – ich war gewesen, du warst gewesen, er, sie, es war gewesen, wir waren gewesen, ihr wart gewesen, sie waren gewesen

6 brevis – opus – sustinere – pons – iter – liberare – comperire – item

18 1 Timeo – Ich fürchte … 1. D pericula, quae a Germanis sunt. – die Gefahren, die von den Germanen ausgehen. 2. E fures, qui in villam invaserunt. – die Diebe, die in die Villa eingedrungen sind. 3. F clamorem, quem in foro audiam. – das Geschrei, das ich auf dem Forum hören werde. 4. B labores, quos dominus mihi imposuit. – die Arbeiten, die der Herr mir auferlegt hat. 5. C sortem, quam dei mihi paraverunt. – das Schicksal, das die Götter mir bereitet haben. 6. A mortem, quae omnes exspectat. – den Tod, der alle erwartet.

2 earum dearum: dieser Göttinnen – ei/eo animo: diesem Mut/mit diesem Mut – is pons: diese Brücke – ea nocte: in dieser Nacht – eam voluptatem: dieses Vergnügen – eae/eas artes: diese Künste – eius generis: dieser Art – eius/ei/eae terrae: dieses Landes/diesem Land/diese Länder – eo itinere: auf diesem Wege – eis/eis operibus: diesen Werken/mit diesen Werken – ei furi: diesem Dieb – eius/ei servi: dieses Sklaven/diese Sklaven

3 1. Nom. Sg. f – Flavia: „Die Straße, die zum Forum führt, nennen wir Via Longa. 2. Nom. Pl. n – Auf dem Forum werdet ihr Denkmäler sehen, die allen Menschen gefallen. 3. Akk. Pl. n – Unter ihnen (Darunter) sind Tempel, die ihr bis jetzt noch nicht gesehen habt. 4. Nom. Pl. f – Betrachtet auch diese Villen, die sehr schön sind!“

4 1. eo – 2. ibit – 3. i! – 4. iimus – 5. ibam – 6. eunt – 7. ibunt – 8. ieras – 9. it

5 1. zugehöriger Satzteil: saluti (Dat.) – studere (+ Dat.): sich bemühen (um) 2. nullum periculum, nullum laborem (Akk.) – horrere (+ Akk.): zurückschrecken, erschrecken (vor) 3. omnes cives, viros feminasque (Akk.) – curare (+ Akk.): sorgen (für), sich kümmern (um) 4. magnis operibus et gravi cura (Abl.) – vacare (+ Abl.): frei sein (von) 5. mihi (Dat.) – favere (+ Dat.): (jemandem) gewogen sein, (jemanden) begünstigen 6. me felicem (doppelter Akk.) – dicere (+ doppelter Akk.): nennen 7. amicis; uxore filioque (Abl.) – carere (+ Abl.): (jemanden/etwas) nicht haben 8. me miserum (doppelter Akk.) – putare (+ doppelter Akk.): halten für

6 1. opprimere – unterdrücken, überfallen 2. tamen – dennoch, trotzdem 3. postremo – endlich, schließlich 4. iudicare – (be)urteilen 5. servare – retten, bewahren 6. quondam – einst 7. uxor – Ehefrau 8. rogare – fragen, bitten 9. exemplum – Beispiel 10. saxum – Stein, Fels 11. exstruere – errichten – Lösungswort: superavisti (du hast gesiegt/du hast es geschafft)

19 1 promisi – promiseram – promisero: versprechen; posuisti – posueras – posueris: setzen, stellen, legen; defendit – defenderat – defenderit: verteidigen; oravimus – oraveramus – oraverimus: beten, bitten; aperuistis – aperueratis – aperueritis: öffnen; egerunt – egerant – egerint: tun, handeln

2 1. volo – 2. non vis – 3. volui – 4. noluit – 5. volueratis – 6. volumus – 7. volunt – 8. volebatis – 9. voluimus – 10. volemus – 11. vult – nicht vertreten ist: nolo – ich will nicht

3 1. Imperfekt (servabas) 2. Futur II (tradiderit) 3. Präsens (crescunt) 4. Futur I (redibimus) 5. Perfekt (senserunt) 6. Futur II (sustulero) 7. Plusquamperfekt (egeratis) 8. Futur I (statuam)

4 1. unus puer, duae puellae, tres viri – 2. unus canis, duo asini, tres equi – 3. unam urbem, duas insulas, tria oppida – 4. unum mare, duo(s) pontes, tres ripas – 5. vox unius consulis, voces duorum senatorum, voces trium equitum – 6. in una villa, in duabus navibus, in tribus templis – 7. dona damus uni puellae, duobus viris, tribus pueris – 8. cum uno rege, cum duobus furibus, cum tribus iudicibus

5 Es gibt verschiedene Möglichkeiten; achte darauf, dass sich die Form von esse danach richtet, ob das Subjekt (also hier der „Besitz“) im Singular oder im Plural steht. Beispiele: 1. Consuli sunt duo fratres. – Der Konsul hat zwei Brüder. 2. Senatoribus est tempus. – Die Senatoren haben Zeit. 3. Nobis sunt tres canes. – Wir haben drei Hunde. 4. Amicis est villa pulchra. – Die Freunde haben ein schönes Haus. 5. Medico est uxor. – Der Arzt hat eine Ehefrau.

6 1. ara, arae/aras – 2. terrae, terram – 3. servo, servis – 4. sol/sole, solem – 5. vota, votis – 6. ripa, ripae/ripas – 7. corpus, corporis/corpora – 8. viri/viros, virorum

20 1 a-Konj.: dare, do; delectare, delecto; orare, oro; simulare, simulo; stare, sto; vocare, voco; e-Konj.: carere, careo; exercere, exerceo; manere, maneo; movere, moveo; parere, pareo; studere, studeo; tacere, taceo; langvokalische i-Konj.: audire, audio; comperire, comperio; dormire, dormio; nescire, nescio; venire, venio; Kons. Konj.: bibere, bibo; currere, curro; dedere, dedo; defendere, defendo; mittere, mitto; petere, peto; statuere, statuo; kurzvokalische i-Konj.: capere, capio; conspicere, conspicio; cupere, cupio; incipere, incipio

2 1. speramus 2. putaverat 3. abibit 4. nolebant 5. cognovi 6. ostendet 7. coluisti 8. accipietis 9. redieram 10. invitant

3 1. sum et possum – ich bin und ich kann 2. fuit et potuit – er ist gewesen und er hat gekonnt 3. ero et potero – ich werde sein und ich werde können 4. eras et poteras – du warst und du konntest 5. erimus et poterimus – wir werden sein und wir werden können 6. fuerant et potuerant – sie waren gewesen und sie hatten gekonnt 7. estis et potestis – ihr seid und ihr könnt

4 1. Flavius: „Das Abendessen wird großartig sein, nicht nur weil der Konsul Gabinus da sein wird, sondern auch weil ich Galla, der Sklavin Flavias, die Freiheit geben werde. 2. Sobald ich sie entlassen habe (haben werde), werdet ihr ein Schauspiel sehen, das ihr noch nicht gesehen habt, Aemilius. 3. Kommt schon zur zehnten Stunde!“ 4. Aemilius: „Wir können (werden) nicht kommen (können), Flavius. Eben habe ich einen Brief erhalten, aus dem ich erfahren habe, dass mein Bruder an einer schweren Krankheit leidet. Deshalb werde ich sofort nach Neapel reiten.“ – 5. Flavius: „Ich bedauere [es] sehr, dass du nicht kommen kannst. Aber Sempronia kann alleine an dem Abendessen teilnehmen.“ – 6. Aemilius: „Wenn ich von der Stadt weg bin, will Sempronia zu Hause bleiben, wie du weißt.“

5 Jetzt habt ihr ein Jahr lang gelesen und euch bemüht. Es ist genug. Geht weg und freut euch über die freie Zeit! Bald werdet ihr uns wieder sehen. Lebt wohl!

L ▸ D Übersetzungen ins Deutsche

1 L▸D 1. Die Ruhe gefällt nicht. 2. Was ist [los]? Warum schreit der Esel nicht mehr? 3. Warum ist auch der Hund still? 4. Wo ist er? Sieh da! Er liegt in der Sonne und wartet. 5. Plötzlich bellt er. Wer kommt?

2 L▸D 1. Warum kommt Flavia nicht? 2. Quintus steht da und wartet. 3. Plötzlich erscheinen Aulus und Marcus. 4. Sie lachen und schreien, aber sie zögern zu kommen. 5. Sie stehen da und freuen sich. 6. Dann kommen sie näher. Was bringen sie [mit]?

3 L▸D 1. „Was ist [los]? Warum liegt ihr da, Sklaven? Warum antwortet ihr nicht?" – 2. „Wir fürchten uns, Herr." – 3. „Was fürchtet ihr?" – 4. „Die Pferde und den Esel. Der Esel schreit, wenn wir uns nähern, und die Pferde schlagen aus." – 5. „Was höre ich, Gallus? Du musst gehorchen. (Euren) Den Herrn, nicht ein Pferd müsst ihr fürchten."

4 L▸D 1. „Wer ist Flavias Großvater, Quintus?" – 2. „Dort sitzt er. Gerade begrüßt er den Konsul Annius. Er ist ein Freund des Konsuls." – 3. „Den Konsul sehe ich nicht, aber ich sehe Columbus, den Liebling (die Liebe) des Publikums." – 4. „Und ich sehe das Temperament der Pferde und höre das Toben der Menschen."

5 L▸D 1. 1. Quintus gefällt es sehr, [seinen] Vater zu hören. 2. Gerade sagt er: „Diebe suchen Geld und gehen schnell weg. 3. Der Angeklagte ist nicht der Dieb; denn ein Dieb liest keinen (nicht einen) Brief, während er in ein Landhaus eindringt ..." 4. Die Leute klatschen dem Redner Beifall, aber den Richtern gefallen die Worte des Redners nicht.

6 L▸D 1. 1. Warum ist Flavia traurig? Sie denkt an Quintus. 2. Warum ist [ihre] Mutter nicht fröhlich? Sie fürchtet die Gefahren des Meeres. 3. Warum ist der Vater [so] fröhlich? Warum sind Aulus und Marcus [so] fröhlich? Sie sehen in der Ferne ein großes Schiff. 4. Schnell kommt es näher. Da schreit der Kapitän: 5. „Greift zu den Waffen, Matrosen! Seeräuber nähern sich dem Schiff."

7 L▸D 1. Quintus geht mit den Freunden Gaius und Lucius auf dem Forum spazieren. 2. Plötzlich sehen sie einen Arzt. 3. Quintus fragt: „Eilt der Arzt in die Basilica Iulia? 4. Warum eilen wir nicht dorthin? 5. Vielleicht liegt wieder einer von den Rednern ohne Bewusstsein da." 6. Die Freunde zögern, doch Quintus ruft: „Kommt ihr etwa nicht, Freunde?"

8 L▸D 1. In der ganzen Stadt ist ein lautes (großes) Geschrei [zu hören]. 2. Schon bei Tagesanbruch kommen viele Menschen auf dem Forum zusammen. 3. Alle erwarten eine großartige Veranstaltung, denn heute spricht ein Philosoph über die schlechten Eigenschaften von Hunden und Frauen. 4. Viele Frauen beabsichtigen, den Redner zu stören.

9 L▸D 1. Der Sklave Davus führt ein elendes Leben. 2. Der (sein) Herr ist grob und hartherzig und er geht nicht gut mit den Sklaven um. 3. Immer hält er mit der rechten Hand eine Peitsche und treibt die Sklaven zur Arbeit an. 4. Zusammen mit seinem Sohn verspottet er (lacht er aus) die Sklaven mit folgenden Worten: „Ihr seid für die Sklaverei geboren."

10 L▸D 1. Einst war der Gladiator Pulcher ein freier Mann. 2. Er führte ein angenehmes Leben in Gallien, auch wenn er viel auf (seinen) den Feldern arbeiten musste. 3. Er musste nicht gegen andere (mit anderen) mit dem Schwert kämpfen, niemand befahl ihm, einen anderen Menschen zu töten. 4. Wieder und wieder denkt er im Stillen: „Ich schaudere [davor], immer Sieger zu sein."

11 L▸D 1. Quintus: „Warum seid ihr nicht auf Kreta?" – 2. Aulus: „Wir sind nicht auf der Insel gewesen; denn Piraten haben das Schiff angegriffen. 3. Sie haben die Seeleute getötet, Mutter und Flavia haben sie weggeführt, Vater und mich ins Wasser geworfen (gestürzt). 4. Ich habe mich sehr gefürchtet, aber Vater hat die Hoffnung auf Rettung nicht aufgegeben. 5. Nun sind wir hier."

12 L▸D 1. Quintus saß [da] und dachte lange über die Geschichte nach: 2. „Sie ist schön, aber ist sie wahr? 3. Warum hat Jupiter seine Denkweise geändert? Warum haben ein Mann und eine Frau überlebt? 4. Warum haben die Götter [es] ihnen gestattet, das Menschengeschlecht wiederherzustellen? 5. Ist es möglich, Götter durch Bitten zu beeinflussen?"

13 L▸D 1. Flavia erzählt: „Der Sklavenhändler hatte uns auf den Marktplatz einer Stadt [in] der Provinz Asia geführt. 2. Dort waren viele Menschen zusammengekommen. 3. Wir standen auf einem Podest und die Leute betrachteten und verspotteten uns (lachten uns aus). 4. Plötzlich sagte einer der Leute [zu] mir: ‚Du gefällst mir', und kaufte mich zusammen mit Galla."

14 L▸D 1. Schon viele Stunden saßen sie im Wagen. 2. Alle waren still. Quintus glaubte, dass der (sein) Vater schlief. 3. Doch plötzlich sagte Domitius: „Hörst du nicht, dass der Kutscher schreit?" 4. Da [sagte] Quintus: „Ich glaube, du irrst dich. Ich höre nur den Wind." 5. Dann sah er, dass ein Baum auf die Straße fiel, und hörte die Pferde wiehern.

15 L▸D 1. Sogleich segelte Paris nach Sparta und führte Helena mit sich in seine Heimat. 2. Oft sagte er: „Wie froh bin ich, wie glücklich! Helena ist mein! 3. Wie leicht war es, die Frau des Menelaos zu entführen!" 4. Paris glaubte, dass er der glücklichste aller Menschen sei. 5. Doch Menelaos zeigte sich nicht umgänglich, sondern hart und heftig.

16 L▸D 1. Quintus: „Hallo, Aulus! Hast du Syrus gesehen? Ich suche ihn überall." – 2. Aulus: „Ich glaube, er sitzt mit Gallus in der Kneipe ‚Freut euch des Weines'; denn Gaius hat mir gerade erzählt, dass sie vor der Kneipe die Preise studiert (gelesen) haben." – 3. Quintus: „Ich hoffe, dass er die Kneipe nicht betreten hat. 4. Das (Es) ist ihm nämlich nicht erlaubt."

17 L▸D 1. Calvus: „Auch wenn ich nicht mehr in Rom lebe, ich liebe die Stadt und werde sie immer lieben. 2. Wohin wirst du uns heute führen, Flavia?" – 3. Flavia: „Zuerst werde ich euch in die Basilica Iulia führen. Dort wird Quintus' Vater den Arzt Diaulus verteidigen. 4. Das wird eine großartige Veranstaltung (sein). 5. Dann schlendern wir [noch] übers Trajansforum."

18 L▸D 1. „Warum ist es den Germanen erlaubt, in unserer Provinz zu leben? 2. Warum kehren sie nicht in ihre eigenen Gebiete zurück? 3. Von ihnen gehen (sind) große Gefahren aus, die ich fürchte; denn die, die uns einst mit Waffen angegriffen haben, ..." – 4. „Die Germanen, denen es erlaubt war, die Donau zu überqueren, werden nicht zurückgehen; denn sie sind Freunde des römischen Volkes."

19 L▸D 1. „Sag, Quintus: Willst du Flavia heiraten?" – 2. „Ja (Ich will). Doch Flavius hat bisher nicht (nichts) von Hochzeit gesprochen." – 3. „Was machst du, wenn Flavius nicht will, dass du seine Tochter heiratest?" – 4. „Wenn er Flavia für einen anderen Mann bestimmt hat, werde ich von [meinem] Vater Hilfe erbitten; denn ich weiß, dass Flavia nur mich heiraten will."

20 L▸D 1. „Wann müssen wir bei Flavius sein (da sein)?" – 2. „Das Essen wird gegen halb vier (in der zehnten Stunde) beginnen. 3. Flavius hat viele Gäste eingeladen. 4. Auch der Konsul Annius wird an dem Essen teilnehmen. 5. Deshalb möchte (wünsche) ich rechtzeitig (in der Zeit) da sein." – 6. „Die Sonne brennt heute [herunter]. Können uns nicht die Sklaven mit der Sänfte dorthin tragen?"

Selbsttests

I
1. -o, -s, -t, -mus, -tis, -nt
2. venimus: wir kommen; iubet: er, sie, es befiehlt; salutatis: ihr (be)grüßt
3. servae, asinos, insulam, simulacra, nuntii
4. sum, es, est, sumus, estis, sunt
5. rogare: fragen, bitten; ubi: wo?; sed: aber, (je)doch, sondern; apparere: erscheinen; nuntius: der Bote, die Botschaft; valde: sehr
6. die Richtung
7. triclinium; pater familias; Frankreich, Italien, Spanien, Portugal

II
1. dominum: Akk. Sg.; hominum: Gen. Pl.; senatoribus: Dat. Pl.; patris: Gen. Sg.; consuli: Dat. Sg.; matronae: Gen./Dat. Sg., Nom. Pl.
2. consulis, signa, hominem, reginarum, populis, patri
3. (S) Simulacra (Gen.-Attr.) deorum (Dat.-O) hominibus (P) placent. (Dat.-O) Amicae (Akk.-O) dona (S/P) damus.
4. lego, legis, legit, legimus, legitis, legunt
5. rogat, videt, sumit; sedent, veniunt, quaerunt
6. Kennvokal, Bedeutungsteil
7. 250 000 Zuschauer; quadriga; basilicae; In dubio pro reo. – Im Zweifel für den Angeklagten.

III
1. magnam deam: Akk. Sg.; multi/multos homines: Nom. Pl. / Akk. Pl.; regina nova: Nom. Sg. / Abl. Sg.; nuntiis secundis: Dat. Pl. / Abl. Pl.
2. properate, ride, currite, veni, este
3. (Adv.) Diu (S) patronus (Akk.-O) amicos (Gen.-Attr.) rei (Adv.) in foro (P) exspectat.
4. mit den Richtern, zum Arzt, vor den Augen, ohne Waffen
5. auch, sogar; hier; lange; denn; überall; während
6. Ort/Zeit; Mittel/Begleitung; Trennung
7. der Kaltbaderaum, der Sportplatz

IV
1. causae, pueri, viro, vitia, agrum, voce
2. magnos agros, fortuna misera, victoris laeti, urbem novam, exemplum pulchrum, ventis secundis
3. Konjunktion, Verb, Subjunktion, Adverb
4. mit lauter Stimme rufen, in der ganzen Stadt sein, frei von (ohne) Tränen sein
5. Prädikatsnomen, Praedicativum, Attribut, Praedicativum
6. Satzreihe, beigeordnet; Satzgefüge, untergeordnet
7. Amphitheatrum Flavium; 80 n. Chr.; Hausangestellte, Friseurin, Köchin, Bauarbeiter, Arzt, Lehrer, Kindermädchen, Handwerker, Künstler, Verwalter, Arbeit in der Geschäftsführung von Unternehmen, in Steinbrüchen, Bergwerken oder auf den Feldern

V
1. er, sie, es hat übertroffen, ich ging spazieren, wir verändern, du hast verlangt, ihr sucht, du hieltest
2. puto, putavi – meinen, glauben; mitto, misi – schicken; taceo, tacui – schweigen; dico, dixi – sagen
3. eram, eras, erat, eramus, eratis, erant
4. Zustände oder andauernde Vorgänge, Gewohnheiten, wiederholte Handlungen der Vergangenheit
5. exemplum – Beispiel, femina – Frau, addere – hinzufügen
6. Kaiser, Zar; Veni, vidi, vici. – Ich kam, sah und siegte.; aus den beiden ersten griechischen Buchstaben „alpha" und „beta"

VI
1. er verzweifelte, sie hatten erkannt, sie haben geschickt, wir fragen, du hast berührt, ihr hattet gerettet
2. venio, veni – kommen; curro, cucurri – laufen; statuo, statui – beschließen; scribo, scripsi – schreiben
3. fui, fuisti, fuit, fuimus, fuistis, fuerunt
4. ego, mihi, me, sine me; vos, vobis, vos, sine vobis
5. vires: Nom. Pl. / Akk. Pl.; puero: Dat. Sg. / Abl. Sg.; patri: Dat. Sg.; maria: Nom. Pl. / Akk. Pl.; vi: Abl. Sg.; corpore: Abl. Sg.
6. stilus; Hermes/Mercur(ius); Artemis/Diana

VII
1. posui, colebat, erratis, videramus, tetigerunt, defenderas
2. AcI: se nunc servam in Gallia esse – Flavia schrieb, dass sie nun Sklavin in Gallien sei. – AcI: amicam vivere – Quintus weiß nun, dass seine Freundin lebt. – AcI: se nihil de sorte matris scire – Der Bruder der Flavia sagte, dass er nichts über das Schicksal der Mutter wisse. – AcI: amicam auxilium sperare – Quintus sagt seinem Vater, dass seine Freundin auf Hilfe hoffe.
3. Pater servos liberos non esse dicit. Patronus se reum defendere dixit.
4. avo nostro, pugnam acrem, victoris felicis, nomen tuum, magnis laboribus, iter breve
5. Discordia warf einen goldenen Apfel mit der Aufschrift „Für die Schönste". – Iuno: Macht, Minerva: Weisheit, Venus: Liebe / die schönste Frau auf der Welt

VIII
1. ihr werdet hören, ich habe versprochen, wir hatten geglaubt, ich werde schreien, sie halten aus, sie werden lesen
2. clamavisse, tacuisse, dixisse, fuisse
3. ero, eris, erit, erimus, eritis, erunt
4. AcI: se in Gallia fuisse – Quintus erzählt, dass er in Gallien gewesen sei. – AcI: patrem saepe deis sacrificare – Quintus erzählt den Freunden, dass sein Vater oft den Göttern opfere. – AcI: Graecos multos annos cum Troianis pugnavisse – Wer weiß nicht, dass die Griechen viele Jahre lang mit den Troianern gekämpft haben?
5. is, eius, ei, eum, cum eo; eae, earum, eis, eas, cum eis
6. Geister der Verstorbenen; cella; Auguren

IX
1. sustinuerunt, credo, narrabit, vertebamus, cognoveratis, duces, egistis, redibimus
2. quod, cuius, cui, quod, de quo; qui, quorum, quibus, quos, de quibus
3. Personal-Pronomen und Demonstrativ-Pronomen
4. eum pontem – diese Brücke; eo tempore – zu/in dieser Zeit; eas horas – diese Stunden; is/eius iuvenis – dieser junge Mann/dieses jungen Mannes; id oppidum – diese Stadt; eis annis – in diesen Jahren; eorum regum – dieser Könige; ei iudici – diesem Richter
5. eo, is, it, imus, itis, eunt
6. die Kriege des Kaisers Trajan gegen die Daker (an der unteren Donau); Limes; ein Gutshof

X
1. sie sind da, wir werden teilnehmen, er, sie, es war anwesend, seid da!
2. capio, cepi – nehmen, ergreifen; posco, poposci – fordern, verlangen; habeo, habui – haben, halten; laedo, laesi – verletzen
3. cupio, cupiebam, cupiam, cupivi, cupiveram, cupivero; vult, volebat, volet, voluit, voluerat, voluerit; tradunt, tradebant, tradent, tradiderunt, tradiderant, tradiderint
4. una serva; duae/duas urbes; tria consilia; sapientia unius viri, duarum dearum, trium hominum
5. Der Freund hat ein schönes Landhaus – amico: Dativ des Besitzers
6. Vestalinnen; Öl, Pfeffer, Dattel, Nuss

4

Zum Gedenken

Diesen Grabstein hat man in Köln gefunden.
Die Übersetzung der Zeilen 1 und 2 ist gegeben.
Übersetze die Zeilen 3 und 4.

Gaius Aiacius, Sohn des Publius,
aus der tribus (Bürgerabteilung) Stellatina, Sklavenhändler,

....

....

5

Römisch schreiben

Nenne die lateinischen Begriffe. Diese Buchstaben brauchst du:

a a a a a a a b ~~c~~ c c c d e e e i l l l m o r r s s s t t t u u u x

Griffel __ __ __ __ __ __   Wachs c __ __ __

Wachstafel __ __ __ __ __ __ __   __ __ __ __ __ __ __

Päckchen aus Wachstafeln __ __ __ __ __   Schreibfeder __ __ __ __ __ __ __

6

Immer alle

Setze in der richtigen Form ein: homo, vir feminaque, servus civisque

Cuncti homines, viri .... me amant.

Verba cunctorum ....,

.... civiumque audire mihi licet. Cunctis ....,

.... servis .... valde placeo.

Cunctos .... feminasque, ...

.... saepe convenio. Cum cunctis ....

.... per forum ambulare soleo.

7

So – wie

Notiere die Kasus über den Formen und bilde den gleichen vom angegebenen Substantiv.

▶ *Nom. Sg. → Akk. Sg.*   *Nom. Sg. → Akk. Sg.*
dominus → dominum = rex → regem

1. frater → fratre = nomen → ....
2. ara → aras = mare → ....
3. gladiis → gladius = corporibus → ....
4. more → mores = filio → ....
5. lucis → lux = generis → ....
6. vires → virium = venti → ....

L▸D S. 45

Test S. 52

1 „Komma dass …“

Der Akkusativ des AcI (der im Deutschen zum Subjekt wird) und der Infinitiv (der im Deutschen zum Prädikat wird) sind hervorgehoben. Übersetze die Sätze.

1. NEMO **equos** epistulas **scribere** PUTAT.

NIEMAND GLAUBT

, dass ……… ……… ……….

2. **reginam** in agris **laborare**

, dass ……… ……… ……….

3. **reos** iudicem **defendere**

, dass ……… ……… ……….

4. **deos** homines **timere**

, dass ……… ……… ……….

5. **canes** fabulas **legere**

, dass ……… ……… ……….

2 Auf den ersten Blick erkannt?

Unterstreiche die Akkusativformen rot und die Infinitive blau. Schreibe bei allen Substantivformen ihren Nom. Sg. darüber.

timor

timore – fugam – vocem – sacrifica – dare – bene – ardore – nomen – arma – ardere –

vocabam – amare – amicas – iter – emeram – erras – curam – timere – genus –

periculum – paras – imponere – oculus – corpora – imperatore – causa – patriam –

patres – numen – manes – clamore – naves – carere – consule – petere – das

3 Zeit in Stücken

Setze aus den Silben die Zeitangaben lateinisch-deutsch zusammen.

beim – ce – cu – den – diu – dor – fen – ge – ges – in – lang – le – lu – ma – mi – mul –

ras – rend – Schau – sie – spiels – Ta – ta – ten – wäh

1. pri……… ……… – ……… ers……… ………licht 2. ……… – lan………

3. ………tas ho……… – vie……… Stun……… ……… 4. ……… spec………lo – ………rend des ……… 5. dum ………unt – wäh……… ……… schla………

4 Nachricht von Flavia

1. Quintus per forum ambulabat, cum subito Aulus appropinquavit et iam procul clamavit: 2. „Salve, Quinte! Quam gaudeo Flaviam in Gallia servam esse!" – 3. „Quid audio? Gaudesne amicam in servitute esse?" – 4. „Haud bene dixi. Gaudeo Flaviam, etsi serva est, mortuam non esse. Sic enim licet eam redimere[1]." – 5. „Nos profecto in Galliam properare cogitamus. Sed dic mihi: Unde scis amicam adhuc vivere?" – 6. „Num ignoras Sulpiciam tota urbe cunctis hominibus sortem Flaviae narrare[2]?" – 7. „Di magni! Pater matrem de Flavia tacere iussit."

[1] eam redimere: sie frei(zu)kaufen [2] nārrāre: erzählen

5 „A" und „I" gesucht

Unterstreiche den Akkusativ (das „Subjekt") und den Infinitiv des AcI und übersetze.

1. Iudex reum valde flere videt. ....

....

2. Cuncti patronum reum verbis pulchris defendere audiunt. ....

....

3. Consul audivit cives piratas valde timere. ....

....

4. Puto deos homines semper a periculis defendere. ....

....

6 Infinitiv oder AcI?

Suche zuerst den Infinitiv. Gibt es einen Akkusativ (ein „Subjekt") dazu (also eine Person, die die im Infinitiv genannte Handlung ausführt)? – Dann hast du einen AcI gefunden. Übersetze nun.

	Infinitiv?	*AcI?*
1. Legere cunctis hominibus placet.	☒	☐
....		
2. Putamus cunctos homines legere.	☐	☐
....		
3. Dominus: „Servis non licet in foro ludere."	☐	☐
....		
4. Dominus servos in foro ludere audivit.	☐	☐
....		
5. Consules per forum ambulare audivimus.	☐	☐
....		
6. Consules per forum ambulare solent.	☐	☐
....		

L▸D S. 45

1 Ja, wem gehört es denn?

Setze die in den Klammern angegebenen Possessiv-Pronomia lateinisch dazu.

1. Estne asinus ....?	(dein)	2. Suntne asini ....?	(unser)
3. Estne donum ....?	(mein)	4. Suntne dona ....?	(dein)
5. Suntne epistulae ....?	(euer)	6. Estne epistula ....?	(mein)
7. Estne canis ....?	(unser)	8. Suntne canes ....?	(dein)
9. Suntne naves ....?	(euer)	10. Estne navis ....?	(unser)

2 Ankoppeln

Verbinde die Substantive mit den passenden Adjektiven und übersetze auf deiner Linie.

verbis ...mit...	.....gravem
itinere ...auf...	.....felices
hominum ...der...	.....acribus
causam ...den...	.....breve
tempus ...eine...	.....facili
reginas ...die...	.....mortalium

3 Stammformen füllen

Trage den Bedeutungsteil im Präsens- und Perfektstamm an der richtigen Stelle ein und gib die deutsche Bedeutung des Infinitivs an.

quaer- mis- veni- freg- toll- aperu- ven- mitt- quaesiv- sustul- frang- aperi-

venire	..........o	i	....
quaerere	..........o	i	....
frangere	..........o	i	....
aperire	..........o	i	....
tollere	..........o	i	....
mittere	..........o	i	....

4 Für alle, auch für sich!

Setze die restlichen Formen des Personal-Pronomens ein.

1. Serva omnibus cenam parat: mihi, ..., ..., ..., vobis .
2. Consul omnes amat; amat ...., te........, ..., ..., ...
3. Patronus pro omnibus dicit: pro ...., pro ...., pro se, pro ...., pro ....

5 Richtig kombinieren!

Wähle die zu den Substantiven passenden Adjektive aus. Achte auf die KNG-Kongruenz. Übersetze die Paare.

acri – altum – brevis – dura – felicibus – graves – longum – miser – omnium – pulchrae – sinistram

nox	....	....	reginae	....	....
gladio	....	....	montem	....	....
iuvenis	....	....	iter	....	....
curas	....	....	cum hominibus	....	....

6 In Gedanken

1. Aufidius se facilem praebuerat et Domitio puellas cesserat. 2. Tum omnes in villam fratris sui duxerat. 3. Dum ibi sedent et se voluptati spectaculi dant, Quintus secum cogitabat: „Flavia fortunam gravem sustinuit, diu vitam miseram egit. 4. Nunc autem laeta est. Certe valde gaudet se tandem liberam esse; certe nemo tam felix est quam Flavia.“ 5. Tum oculos in amicam vertit. Sed Flavia nihil sentiebat. 6. Apparebat enim amicam magna voluptate pantomimum[1] spectare.

7 Klarstellung

Gib den „Besitzer“ an, indem du zu dem Wort in Klammern die richtige Form bildest.

1. Amicam ...*meam*... (ego) salutavi, non amicam ...*fratris*... (frater). 2. Epistulam .... (tu) legimus, non epistulam .... (consul). 3. De patre .... (nos) dicimus, non de patre .... (amici). 4. Gladio .... (ego) pugno, non gladio .... (pater). 5. Avo .... (vos) donum dant, non avo .... (puer). 6. Verba .... (nos) audire debetis, non verba .... (iudex). 7. Cum filio .... (tu) per forum ambulat, non cum filio .... (senator). 8. Frater .... (ego) ibi stat, non frater .... (medicus). 9. Equos .... (vos) quaero, non equos .... (eques).

8 Nur mit Ablativ

Kreise alle Präpositionen, die mit Ablativ stehen, ein.

modo – ab – tam – apud – ut – adhuc – ex – ibi – cur – nam – aut – post – sine – nonne – de – inter – etsi – pro – mox – valde – cum – unde

L ▸ D S. 46
Test S. 53

1 Perfekte Infinitive

Ergänze den jeweils fehlenden Infinitiv Präsens oder Perfekt.

1. .... – promisisse
2. tenere – ....
3. .... – descendisse
4. frangere – ....
5. .... – movisse
6. agere – ....
7. scribere – ....
8. .... – coluisse
9. ponere – ....
10. .... – tetigisse
11. currere – ....
12. .... – cognovisse

2 VOR langer ZEITIGKEIT

Unterstreiche den Akkusativ (das „Subjekt“) und den Infinitiv des AcI.
Achte beim Übersetzen auf die Vorzeitigkeit.

1. Audivimus Venerem deam Paridi iuveni feminam pulcherrimam[1] promisisse.

....

....

2. Omnes sciunt Helenam pulcherrimam[1] omnium feminam fuisse. ....

....

3. Iuvenem Helenam secum Troiam abduxisse narrant. ....

....

4. Legimus Graecos cum Troianis diu pugnavisse. ....

....

5. Narrant Troianos equum donum Minervae putavisse et in oppidum traxisse. ....

....

....

[1] pulcherrima, -ae: die schönste

3 Alle und jeder

Setze alle (nicht reflexiven) Personal-Pronomina ein.

	1.P.Sg.	2.P.Sg.	3.P.Sg.	1.P.Pl.	2.P.Pl.	3.P.Pl.
1. Amicus omnibus plaudit:	*mihi*		*ei*			
2. Avus omnes cognoscit:			/			*eos* /
3. Consul de omnibus cogitat:	de	de	de / *ea*	de	de	de

4 Bericht zu Hause

Setze in den AcI, abhängig von narrat. Wandle die Sätze zunächst im Deutschen um.

Paris narrat: | Paris narrat – Paris erzählt,

1. „Spartam navigavi." se ……… dass er nach Sparta gesegelt sei.
2. „Helenam conveni." se ……… ………
3. „Eam statim amavi." se ……… ………
4. „Feminam nave Troiam portavi." se ……… ……… ………
5. „Nunc cum Helena Troiae[1] vivo." se ……… ………
   [1] Troiae: in Troia
6. „Graecos non timeo." se ……… ………

5 Pro-Nomen

a) Setze für amicus die richtigen Formen von is ein.

1. In foro ☺ amicum conveni. 2. Magno cum gaudio ☺ ……… salutavi. 3. Unam horam cum ☺ ……… per forum ambulavi. 4. Subito servus ☺ ……… accessit; narravit se ☺ ……… ubique quaesivisse. 5. ☺ ……… autem respondit se semper in foro fuisse.

b) Schreibe die Geschichte um: 1. In foro ☺ ☺ amicas meas conveni. 2. …

6 Römer-Religion

Die richtigen Antworten ergeben einen Lösungssatz: ………

1. Wer waren die Laren?
   A. persönliche Schutzgeister (GRAE)
   B. Geister der Verstorbenen (ROMA)
   C. Götter der Vorratskammer (TROI)
2. Was taten Auguren?
   A. Sterne deuten (CORA)
   B. Eingeweide von Opfertieren untersuchen (NANI)
   C. Flug der Vögel beobachten (NIDE)
3. Was bedeutet „Do, ut des."?
   A. „Ich gebe, weil du gegeben hast." (UMTA)
   B. „Gib mir, was du geben kannst." (MTOL)
   C. „Ich gebe, damit du gibst." (OSCO)
4. Wie heißt der Innenraum des Tempels?
   A. atrium (GNOS)
   B. cella (LUNT)
   C. lararium (RDOR)

L▸D S. 46

1 Andere Zeiten

Sortiere die Formen ein und gib die deutschen Bedeutungen des Infinitivs an.

liberabit – narramus – favebatis – surgent – ponis – aperiebamus – scribam – sustineo – narrabamus – favebitis – pones – aperimus – surgunt – sustinebam – liberat – surgebant – ponebas – sustinebo – scribo – favetis – liberabat – narrabimus – scribebam – aperiemus

Präsens	Futur	Imperfekt	dt. Bedeutung

2 Verb-for-men

Ergänze die nach dem Bedeutungsteil im Präsens-/Perfektstamm fehlenden Bildungselemente (ein Strich = ein Buchstabe).

Tempus-Zeichen	Person-Zeichen
b – ba – e – e – eba – bi – bi – era	o – m – i – s – t – it – mus – mus – mus – tis – nt – nt

1. du wirst lesen leg __ __
2. sie irren erra __ __
3. ich habe erkannt cognov __
4. ich betrachtete specta __ __ __
5. er wird gehorchen pare __ __ __
6. sie werden hören audi __ __ __
7. er hat geschrieben scrips __ __
8. wir hatten gezogen dux __ __ __ __ __ __
9. ihr werdet glauben puta __ __ __ __ __
10. wir fielen cad __ __ __ __ __ __
11. ich werde lachen ride __ __
12. wir fragen roga __ __ __

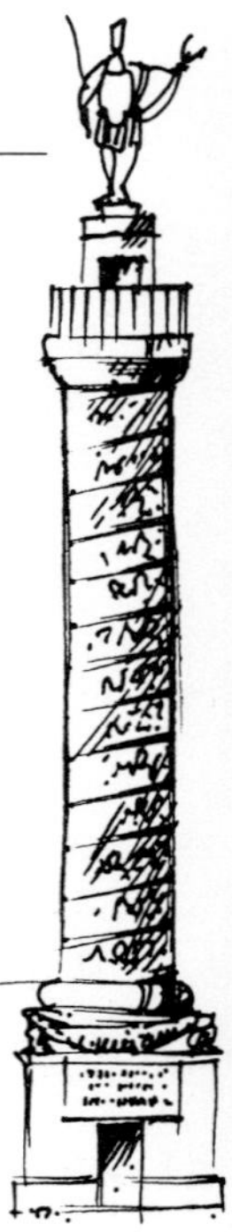

3 Keine Zeit

1. Aemilia: „Flavia nobis multa de Traiano imperatore narravit, sed non cuncta. 2. Hodie Calvus nos ad forum Traiani ducet et cetera narrabit, nam bellum cum Dacis gessit[1].“ – 3. Flavius Lepidus: „Quocum per urbem ambulabitis, Aemilia? Cui Calvus de bello Dacico narrabit? 4. Ego vobiscum non veniam, quod solem non sustineo. 5. Quintus in basilica Iulia erit, ubi pater eius causam pro Rabirio senatore aget. 6. Et tu, Flavia, domo manebis, quod cenam curabis. 7. Dic, Aemilia: Nonne Flaviae auxilium dabis?“

[1] gerere, gerō, gessī: führen

4 Fragen über Sagen

Setze die Frage-Pronomina und die Antworten richtig ein. Trage die kursiv gedruckten Buchstaben der Reihe nach ein und du erhältst den Namen der troianischen Priesterin, die vergeblich vor dem Unheil warnte: K ___ S ___ ___ ___ D ___ ___

quis – cuius – cui –
quem – quocum – quis

IU*N*O – HELEN*A* – T*R*OIANI –
MENEL*A*US – MINERV*A* – VENU*S*

1. .... Paridi sapientiam promisit? ....
2. .... Paris malum[1] dedit? ....
3. .... Paris in patriam navigavit? ....
4. .... homines reginam dearum appellant? ....
5. .... equum in oppidum traxit? ....
6. .... uxor fuit Helena? ....

[1] mālum, -ī n: Apfel

5 „Sein“ in allen Zeiten

Ergänze die fehlenden Buchstaben und die Übersetzung.

Präsens	Futur	Imperfekt	Perfekt	Plusquamperfekt
u	o	e m	fu	fu
e	e s	ra	isti	er
t	ri	e a	i	at
su	m	ram	mu	ue
is	e i	e s	f is	f ti
un	ru	n	ue	era

	Präsens	Futur	Präteritum	Perfekt	Plusquamperfekt
ich				g	g
du		s		e	e
er, sie, es		e		w e	w e
wir		i		s	s
ihr		n		e	e
sie				n	n

6 „Gerüttelt und geschüttelt“

L▸D S. 46

Test S. 54

Sortiere die Buchstaben: Um welche Vokabeln handelt es sich?

versib – soup – reintusse – nops – reit – reilbaer – reimrecpo – time

1 Keine Angst vor Relativ-Pronomina

Ordne zu und übersetze. Markiere deine Übersetzung des Relativ-Pronomens farbig.

Timeo – Ich fürchte

1. D pericula die Gefahren, ……
2. …… fures ……
3. …… clamorem ……
4. …… labores ……
5. …… sortem ……
6. …… mortem ……

A. quae omnes exspectat.	B. quos dominus mihi imposuit.	C. quam dei mihi paraverunt.
D. quae a Germanis sunt.	E. qui in villam invaserunt.	F. quem in foro audiam.

2 Zeig drauf!

Setze die passende Form des Demonstrativ-Pronomens is, ea, id dazu (manchmal gibt es mehrere Möglichkeiten) und schreibe die Übersetzung darunter.

…… dearum	…… animo	…… pons	…… nocte
……	……	……	……
…… voluptatem	…… artes	…… generis	…… terrae
……	……	……	……
…… itinere	…… operibus	…… furi	…… servi
……	……	……	……

3 Flavia wird dich nicht QUAElen!

Die Form quae des Relativ-Pronomens ist mehrdeutig:

Nom. Sg. f | Nom. Pl. f | Nom. Pl. n | Akk. Pl. n

Schreibe in den Sätzen die Bestimmung der Form darüber und übersetze in dein Heft.

1. Flavia: „Viam, quae ad forum ducit, Viam Longam appellamus. 2. In foro videbitis monumenta, quae omnibus hominibus placent. 3. Inter ea sunt templa[1], quae adhuc non vidistis. 4. Spectate etiam eas villas, quae valde pulchra sunt!“

4 Geh durch die Formen!

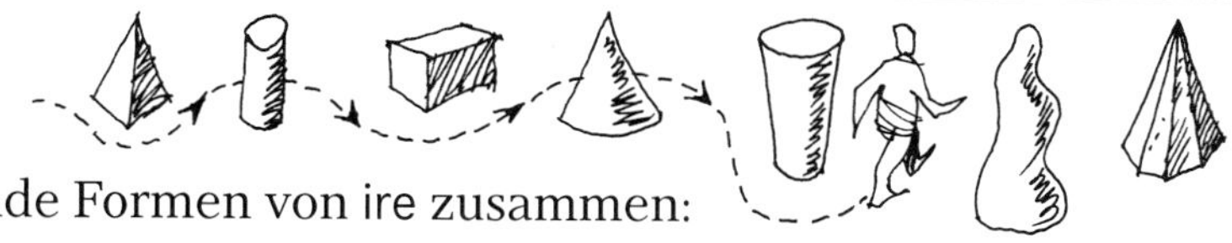

Stelle aus den Buchstaben folgende Formen von ire zusammen:

a a b b b e e e i i i i i i i i m m n n o r s s t t t t u u u

1. ich gehe	…………	2. sie wird gehen	…………	3. geh!	…………
4. wir sind gegangen	…………	5. ich ging	…………	6. sie gehen	…………
7. sie werden gehen	…………	8. du warst gegangen	…………	9. er geht	…………

5 Manchmal anders

Bei den unterstrichenen Verben muss man die zugehörigen Satzteile oft in einem anderen Kasus als im Lateinischen wiedergeben oder an die Präposition denken.
Unterstreiche die zugehörigen Satzteile und schreibe ihren Kasus darüber:
Dat. – Dat. – Akk. – Akk. – doppelter Akk. – doppelter Akk. – Abl. – Abl.
Notiere dir, mit welchem Fall die Verben stehen und wie sie zu übersetzen sind.

Klage eines Politikers:

1. „Semper saluti civitatis studui. 2. Nullum periculum, nullum laborem horrui. 3. Omnes cives, viros feminasque, curavi. 4. Numquam magnis operibus et gravi cura vacavi. 5. Sed dei mihi non faverunt. 6. Nemo enim me amat, nemo me felicem dicit. 7. Amicis careo, uxore filioque careo. 8. Quis me non miserum putat?"

studere (+ ……):	…………	horrere (+ ……):	…………
curare (+ ……):	…………	vacare (+ ……):	…………
favere (+ ……):	…………	dicere (+ ……):	…………
carere (+ ……):	…………	putare (+ ……):	…………

6 Eindurchander

Bringe Silben und Buchstaben in die richtige Reihenfolge. Die gekennzeichneten Buchstaben ergeben von unten nach oben gelesen ein Lösungswort. Gib rechts die deutschen Bedeutungen an.

1. erprimepo
2. metan
3. mopcrest
4. arediciu
5. vaserer
6. omquand
7. xuro
8. ogerra
9. muxeplem
10. muxas
11. erexstru

L ▸ D S. 46

Test S. 55

1 Zeiten-Sprünge

Sortiere die Formen ein und gib die deutsche Bedeutung des Infinitivs an.

defendit – aperueritis – oraveramus – egerint – posueris – promiseram – oravimus – aperuistis – posuisti – defenderat – egerant – promisi – oraverimus – egerunt – promisero – posueras – defenderit – aperueratis

	Perfekt	Plusquamperfekt	Futur II	dt. Bedeutung
1. P.Sg.				
2. P.Sg.				
3. P.Sg.				
1. P.Pl.				
2. P.Pl.				
3. P.Pl.				

2 Ja, was wollt ihr denn?

Trage die Zahlen aus dem Text bei den entsprechenden Formen von velle und nolle ein. Welche der lateinischen Formen ist nicht im Text vertreten?

Ich will (1), aber du willst nicht (2). – Doch, zuerst habe ich gewollt (3), aber dann hat er nicht mehr gewollt (4). Was hattet ihr denn gewollt (5)? – Wir wollen (6) das, was alle wollen (7). – Ihr wolltet (8) doch vorher etwas anderes. – Wir haben nie etwas anderes gewollt (9) und werden nie etwas anderes wollen (10). – Hier weiß keiner, was er will (11).

voluimus (......................) volunt (......................) non vis (......................) volemus (......................)

volebatis (......................) vult (......................) volumus (......................) noluit (......................)

volui (......................) volo (......................) nolo (......................) volueratis (......................)

3 Sechs Zeiten sollt ihr sein!

In den Verbformen-Gruppen fehlt jeweils eines der Tempora. Schreibe auf, um welches Tempus es sich handelt. Übersetze alle Formen mündlich.

1. servavisti, servabis, servaveris, servas, servaveras *Imperfekt*
2. tradit, tradiderat, tradet, tradidit, tradebat ....
3. creverant, creverint, creverunt, crescebant, crescent ....
4. redimus, redieramus, rediimus, redierimus, rediebamus ....
5. sentiunt, sentiebant, senserant, sentient, senserint ....
6. sustuli, tollebam, tollo, sustuleram, tollam ....
7. agetis, egeritis, egistis, agebatis, agitis ....
8. statui, statuero, statueram, statuebam, statuo ....

4 Eins, zwei, drei

Setze im richtigen Kasus ein.

1. unus puer, duae puellae, tres viri – 2. .... canis, ... asini, ... equi – 3. .... urbem, ... insulas, ... oppida – 4. .... mare, ... pontes, ... ripas – 5. vox .... consulis, voces .... senatorum, voces .... equitum – 6. in .... villa, in .... navibus, in .... templis[1] – 7. dona damus .... puellae, ... viris, ... pueris – 8. cum .... rege, cum .... furibus, cum .... iudicibus

5 Wer hat was?

Setze zu sinnvollen Sätzen mit Besitzer-Dativ zusammen und übersetze.

consuli – senatoribus – nobis – amicis – medico	est / sunt	duo fratres – tres canes – uxor – tempus – villa pulchra

1. ....
....
2. ....
....
3. ....
....
4. ....
....
5. ....
....

6 Das Gleiche noch einmal, bitte!

Notiere die Kasus über den Formen und bilde die gleichen vom angegebenen Substantiv.

▶ *Akk. Sg. Gen. Pl.*
filiam, filiarum → (uxor) uxorem, uxorum

Nom. Sg./Akk. Sg. Gen. Pl.
numen, numinum → (deus) deus/deum, deorum

1. nomine, nomina → (ara) ....
2. montis, montem → (terra) ....
3. civi, civibus → (servus) ....
4. aqua, aquam → (sol) ....
5. honores, honoribus → (votum) ....
6. ponte, pontes → (ripa) ....
7. oculum, oculi → (corpus) ....
8. nomina, nominum → (vir) ....

L ▸ D S. 46

1 Verben in die K-Kiste

Sortiere die Verben nach ihrer Konjugationsklasse. Notiere den Infinitiv und die 1.P.Sg. Präs.

a-Konj.	e-Konj.	langvokalische i-Konj.
dare, do		

Kons. Konj.	kurzvokalische i-Konj.

audivimus – bibite – capitis – caruerat – comperimus – conspexistis – cucurristi – cupivit – ~~das~~ – dedero – defendunt – delectabas – dormient – exercemus – incipiebat – manebitis – mittis – movi – nescit – oraverant – petivisti – paruero – simulabas – steterunt – statuit – studemus – tacuerant – veniam – vocabitis

2 Stammlieferung inklusive

Setze an den Bedeutungsteil im Präsens-/Perfektstamm die zur vorgegebenen Verbform fehlenden Bildungselemente.

ebant – bit – eram – erat – et – etis – i – isti – mus – nt

1. wir hoffen	– spera	6. sie wird zeigen	– ostend ....
2. er hatte geglaubt	– putav	7. du hast verehrt	– colu ....
3. er wird weggehen	– abi	8. ihr werdet annehmen	– accpi ....
4. sie wollten nicht	– nol	9. ich war zurückgegangen	– redi ....
5. ich habe erkannt	– cognov	10. sie laden ein	– invita ....

3 Können muss sein.

Ergänze die fehlenden Formen (ein Strich = ein Buchstabe) und die Übersetzung.

▶ 1. sum et possum – ich bin und ich kann

2. _ _ _ _ et potuit er ist gewesen

3. ero et _ _ _ _ _ _ –

4. _ _ _ _ et poteras –

5. erimus et _ _ _ _ _ _ _ _ _ –

6. _ _ _ _ _ _ _ et potuerant –

7. estis et _ _ _ _ _ _ _ _ –

4 Einladung

1. Flavius: „Cena magna erit, non modo quod Gabinus consul aderit, sed etiam quod Gallae, servae Flaviae, libertatem dabo. 2. Ubi[1] eam dimisero, spectaculum, quod nondum vidistis, spectabitis, Aemili. 3. Venite iam hora decima!“ – 4. Aemilius: „Venire non poterimus, Flavi. Modo litteras accepi, ex quibus fratrem morbo[2] gravi laborare cognovi. Itaque statim equo Neapolim ibo.“ – 5. Flavius: „Valde doleo[3] te venire non posse. Sed Sempronia sola cenae interesse potest.“ – 6. Aemilius: „Cum ego ab urbe absum, Sempronia domi[4] manere vult, ut scis.“

[1] ubī: sobald [2] morbus, morbī m: Krankheit [3] dolēre: bedauern [4] domī: zu Hause

5 Gruß zum Schluss

Übersetze diesen Abschiedsgruß.

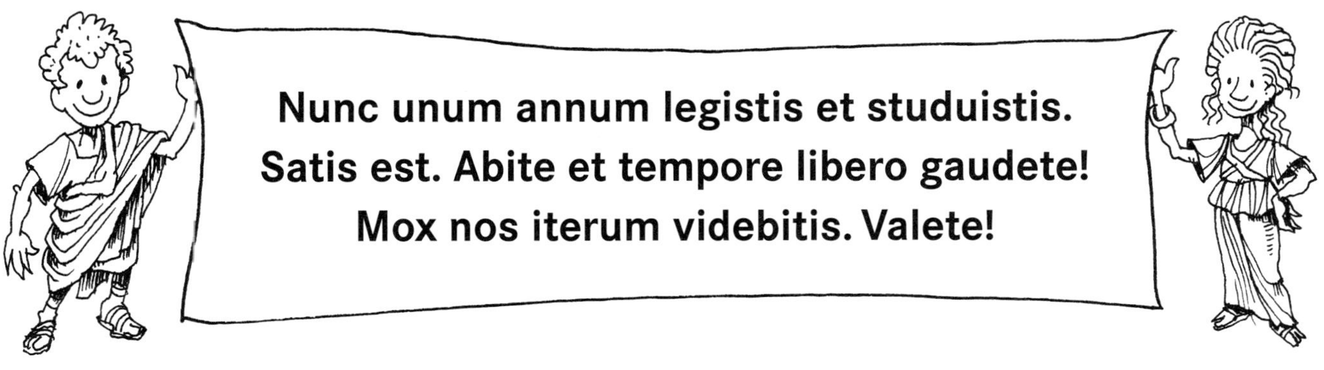

L▸D S. 46
Test S. 56

Übersetzungen ins Deutsche

1

1. Silentium non placet. 2. Quid est? Cur asinus non iam clamat? 3. Cur etiam canis tacet? 4. Ubi est? Ecce! Sub sole[1] iacet et exspectat. 5. Subito latrat[2]. Quis venit?

[1] sub sōle: in der Sonne
[2] lātrat: er bellt

2

1. Cur Flavia non venit? 2. Quintus stat et exspectat. 3. Subito Aulus et Marcus apparent. 4. Rident et clamant, sed venire cessant. 5. Stant et gaudent. 6. Tum appropinquant. Quid apportant?

3

1. „Quid est? Cur ibi iacetis, servi? Cur non respondetis?“ – 2. „Timemus, domine[1].“ – 3. „Quid timetis?“ – 4. „Equos et asinum. Asinus clamat, cum[2] appropinquamus, et equi calcitrant[3].“ – 5. „Quid audio, Galle? Parere debes. Dominum[1], non equum timere debetis.“

[1] dominus: Herr
[2] cum: wenn
[3] calcitrāre: ausschlagen

4

1. „Quis est avus Flaviae, Quinte?“ – 2. „Ibi sedet. Modo[1] Annium consulem salutat. Amicus consulis est.“ – 3. „Consulem non video, sed Columbum, amorem populi, video.“ – 4. „Et ego ardorem equorum video et furorem hominum audio.“

[1] modo: gerade

5

1. Quinto patrem audire valde placet. 2. Modo[1] dicit: „Fures pecuniam[2] quaerunt et cito decedunt. 3. Reus fur non est; nam fur epistulam non legit, dum in villam invadit ...“ 4. Homines oratori plaudunt, sed iudicibus verba oratoris non placent.

[1] modo: gerade
[2] pecūnia, -ae f: Geld

6

1. Cur Flavia maesta est? De Quinto cogitat. 2. Cur mater laeta non est? Pericula maris[1] timet. 3. Cur pater laetus est? Cur Aulus et Marcus laeti sunt? Procul magnam navem vident. 4. Cito appropinquat. Tum magister[2] clamat: 5. „Sumite arma, nautae! Piratae navi appropinquant.“

[1] maris: des Meeres
[2] magister, -trī m: Kapitän

7

1. Quintus cum Gaio et Lucio amicis in foro ambulat. 2. Subito medicum vident. 3. Quintus rogat: „Medicusne in basilicam Iuliam properat? 4. Cur non eo[1] properamus? 5. Fortasse[2] iterum unus ex oratoribus sine mente iacet.“ 6. Amici cessant, sed Quintus clamat: „Nonne venitis, amici?“

[1] eō: dorthin
[2] fortāsse: vielleicht

8 1. Tota urbe magnus clamor est. 2. Iam prima luce multi homines in forum conveniunt. 3. Cuncti magnum spectaculum exspectant, nam hodie philosophus[1] de vitiis canum et feminarum dicit. 4. Multae feminae oratorem perturbare[1] cogitant.

[1] perturbāre: stören

9 1. Davus servus vitam miseram agit. 2. Dominus asper et durus est neque cum servis bene agit. 3. Semper dextra flagellum[1] tenet et servos ad laborem[2] incitat. 4. Cum filio servos his[3] verbis ridet: „Ad servitutem nati estis!"

[1] flagellum, -ī n: Peitsche
[2] lābor, -ōris m: Arbeit
[3] hīs …: mit folgenden …

10 1. Quondam Pulcher gladiator[1] vir liber erat. 2. Vitam iucundam in Gallia agebat, etsi multum in agris laborare debebat. 3. Non debebat cum aliis gladio pugnare, nemo eum iubebat alium hominem necare. 4. Iterum atque iterum secum[1] cogitat: „Horreo semper victor esse."

[1] sēcum: im Stillen

11 1. Quintus: „Cur in Creta non estis?" – 2. Aulus: „In insula non fuimus; nam piratae navem invaserunt. 3. Nautas necaverunt, matrem et Flaviam abduxerunt, patrem et me in aquam praecipitaverunt. 4. Valde timui, sed pater de salute non desperavit. 5. Nunc hic sumus."

12 1. Quintus sedebat et diu de fabula cogitabat: 2. „Pulchra est, sed estne vera[1]? 3. Cur Iuppiter mentem mutavit? Cur unus vir et una femina restiterunt? 4. Cur dei eis[2] dederunt genus humanum reparare[3]? 5. Licetne deos precibus movere?"

[1] vērus, -a, -um: wahr
[2] eīs: ihnen
[3] reparāre: wiederherstellen

13 1. Flavia narrat: „Mango[1] nos in forum urbis provinciae Asiae duxerat. 2. Eo[2] multi homines convenerant. 3. In catasta[3] stabamus et homines nos spectabant et ridebant. 4. Subito unus ex hominibus mihi dixit: ‚Tu mihi places', et me una cum Galla emit."

[1] mangō, -ōnis m: Sklavenhändler
[2] eō: dort
[3] catasta, -ae f: Podest

14 1. Iam multas horas in raeda[1] sedebant. 2. Cuncti tacebant. Quintus patrem dormire putabat. 3. Sed subito Domitius dixit: „Nonne raedarium[2] clamare audis?" 4. Tum Quintus: „Te errare puto. Ventum solum audio." 5. Deinde arborem in viam cadere vidit et equos hinnire[3] audivit.

[1] raeda, -ae f: Wagen
[2] raedārius, -ī m: Kutscher
[3] hinnīre: wiehern

15

1. Statim Paris Spartam navigavit et Helenam secum in patriam suam duxit[1]. 2. Saepe[2] dixit: „Quam laetus sum, quam felix! Helena mea est! 3. Quam facile fuit uxorem[3] Menelai abducere!“ 4. Paris se omnium hominum felicissimum[4] esse putabat. 5. Sed Menelaus se non facilem, sed durum et acrem praebuit.

[1] dūxit *(Perf.)*: (er) führte
[2] saepe: oft
[3] uxor, -ōris f: (Ehe-)Frau
[4] fēlīcissimus, -a, -um: der glücklichste

16

1. Quintus: „Salve, Aule! Syrumne vidisti? Ubique eum quaero.“ – 2. Aulus: „Eum cum Gallo in caupona[1] ‚Gaudete vino‘ sedere puto; nam Gaius modo mihi narravit eos ante cauponam[1] pretia legisse.“ – 3. Quintus: „Eum cauponam[1] non intravisse spero. 4. Id enim ei non licet.“

[1] caupōna, -ae f: Kneipe

17

1. Calvus: „Etsi Romae non iam vivo, urbem amo semperque eam amabo. 2. Quo nos hodie duces, Flavia?“ – 3. Flavia: „Primo vos in basilicam Iuliam ducam. Ibi pater Quinti causam[1] Diauli medici aget[1]. 4. Spectaculum erit magnum. 5. Deinde per forum Traiani ambulabimus.“

[1] causam *(+ Gen.)* agere: *(jmdn.)* verteidigen

18

1. „Cur Germanis in provincia nostra vivere licet? 2. Cur non in suas sedes redeunt? 3. Ab eis magna pericula sunt, quae timeo; nam ii, qui nos quondam armis petiverunt, ...“ – 4. „Ii Germani, quibus Danuvium transire licebat, non redibunt; nam amici populi Romani sunt.“

19

1. „Dic, Quinte: Visne Flaviam uxorem ducere?“ – 2. „Volo. Sed Flavius adhuc nihil de nuptiis dixit.“ – 3. „Quid ages, nisi Flavius te filiam suam uxorem ducere volet?“ – 4. „Si Flaviam alii viro destinaverit, a patre auxilium petam; nam scio Flaviam mihi soli nubere[1] velle.“

[1] nūbere *(+ Dat.)*: *(einen Mann)* heiraten

20

1. „Quando apud Flavium adesse debemus?“ – 2. „Cena decima hora incipiet. 3. Flavius multos hospites invitavit. 4. Etiam Annius consul cenae intererit. 5. Itaque in tempore adesse cupio.“ – 6. „Hodie sol ardet. Nonne servi nos lectica[1] eo[2] portare possunt?“

[1] lectīca, -ae f: Sänfte
[2] eō: dorthin

Selbsttest I nach Lektion 3 ⌛ 20 Min.

1. So lauten die Person-Zeichen: [→ G 3.2.1] *(je ½ P.)*

1.P.Sg.	2.P.Sg.	3.P.Sg.	1.P.Pl.	2.P.Pl.	3.P.Pl.

3 P.:

2. Übersetze die Verbformen: [→ G 3.2.3]

venimus .... 1 P.:

iubet .... 1 P.:

salutatis .... 1 P.:

3. Bilde: [→ G 3.1.4]

Nom. Pl. von serva ....

Akk. Pl. von asinus ....

Akk. Sg. von insula ....

Akk. Pl. von simulacrum ....

Nom. Pl. von nuntius .... 5 P.:

4. Konjugiere esse: [→ G 3.2.3] *(je ½ P.)*

1.P.Sg.	2.P.Sg.	3.P.Sg.	1.P.Pl.	2.P.Pl.	3.P.Pl.

3 P.:

5. Gib die deutschen Bedeutungen an:

rogare .... ubi .... 2 P.:

sed .... apparere .... 2 P.:

nuntius .... valde .... 2 P.:

6. Ergänze die fehlenden Wörter: [→ G 3.3]
Durch den Akkusativ in Verbindung mit der Präposition „in" wird

.... angegeben. 2 P.:

7. Beantworte:

Der Speiseraum in einer römischen Villa heißt .... 2 P.:

Das Oberhaupt der Familie ist der .... 2 P.:

Nenne zwei Länder in Südeuropa, die heute zum Römischen Reich gehören würden:

......................................, ... 1 P.:

Punkte	*27–24*	*23,5–20,5*	*20–17*	*16,5–13,5*	*13–7*	*6,5–0*
Bewertung	☺☺☺☺	☺☺☺	☺☺	☺	😐	☹

1. Bestimme die Formen. Gib alle Möglichkeiten an: [→ G 5.1.3] *(je ½ P.)*

dominum .... hominum ....

senatoribus .... patris ....

consuli .... matronae .... 4 P.:

2. Bilde: [→ G 5.1.3]

Gen. Sg. von consul .... Nom. Pl. von signum ....

Akk. Sg. von homo .... Gen. Pl. von regina ....

Dat. Pl. von populus .... Dat. Sg. von pater .... 6 P.:

3. Bestimme die Satzglieder und Satzgliedteile: [→ G 4 S / G 5 S2] *(je ½ P.)*

Simulacra deorum hominibus placent. Amicae dona damus. 4 P.:

4. Konjugiere legere: [→ G 5.2.2] *(je ½ P.)*

1.P.Sg.	2.P.Sg.	3.P.Sg.	1.P.Pl.	2.P.Pl.	3.P.Pl.

3 P.:

5. Bilde: [→ G 5.2.2]

3.P.Sg. von rogare ...., videre ...., sumere ....

3.P.Pl. von sedere ...., venire ...., quaerere .... 6 P.:

6. Ergänze die fehlenden Wörter: [→ G 5 F]

Verben der Konsonantischen Konjugation haben keinen ....

Ihr .... endet auf einen Konsonanten. 2 P.:

7. Beantworte:

Wie viele Zuschauer fasste der Circus Maximus? .... 1 P.:

Ein Viergespann heißt .... 2 P.:

Die Gebäude auf dem Forum, in denen u. a. Gerichtsverhandlungen stattfinden, heißen:

.... 2 P.:

Ergänze und übersetze: In dubio pro .... –

.... 4 P.:

Punkte	*34–30,5*	*30–26*	*25,5–21,5*	*21–17*	*16,5–8,5*	*8–0*
Bewertung	☺☺☺☺	☺☺☺	☺☺	☺	😐	☹

Selbsttest III nach Lektion 7 ⌛ 25 Min. ?

1. Ergänze die Adjektivformen (KNG-Kongruenz mit der Substantivform).
   Bestimme die Formen. Gib alle Möglichkeiten an: [→ G 6.1] *(je ½ P.)*

magn........................ deam ....

mult.......................... homines ....

regina nov.............. ....

nuntiis secund........ .... 6 P.:

2. Bilde: [→ G 6.2]

Imp. Pl. von properare ....

Imp. Sg. von ridere ....

Imp. Pl. von currere ....

Imp. Sg. von venire ....

Imp. Pl. von esse .... 5 P.:

3. Bestimme die Satzglieder und Satzgliedteile: [→ G 4 S / G 5 S_2 / G 7 S] *(je ½ P.)*

Diu patronus amicos rei in foro exspectat. 3 P.:

4. Übersetze die präpositionalen Verbindungen: [→ G 7.1]

cum iudicibus .... ad medicum .... 2 P.:

ante oculos .... sine armis .... 2 P.:

5. Gib die deutsche Bedeutung an:

etiam .... hic .... 2 P.:

diu .... nam .... 2 P.:

ubique .... dum .... 2 P.:

6. Ergänze die vier fehlenden Wörter: [→ G 7.1.3]

Der Ablativ drückt aus: Ort/ .... ; .... / ....;

.... 4 P.:

7. Beantworte:

In den Thermen: Das frigidarium ist ....,

die palaestra ist .... 2 P.:

Punkte	*30–27*	*26,5–23*	*22,5–19*	*18,5–15*	*14,5–7,5*	*7–0*
Bewertung	☺☺☺☺	☺☺☺	☺☺	☺	😐	☹

1. Bilde: [→ G 7.1.2 / 9.1.1]

Nom. Pl. von causa ………… Nom. Pl. von puer ………… 2 P.:

Dat. Sg. von vir ………… Akk. Pl. von vitium ………… 2 P.:

Akk. Sg. von ager ………… Abl. Sg. von vox ………… 2 P.:

2. Setze das Adjektiv in der richtigen Form dazu: [→ G 9.1.2]

(magnus) ………… agros fortuna (miser) ………… 2 P.:

victoris (laetus) ………… urbem (novus) ………… 2 P.:

exemplum (pulcher) ………… ventis (secundus) ………… 2 P.:

3. Nenne die Wortart: [→ G 9.2]

et; sed ………… portare; dicere ………… 2 P.:

dum; quod ………… ibi; nunc ………… 2 P.:

4. Übersetze ins Deutsche: [→ G 8.1]

magna voce clamare …………

tota urbe esse …………

lacrimis vacare ………… 3 P.:

5. Ist das Adjektiv hier Attribut, Prädikatsnomen oder Praedicativum? [→ G 6.1 / G 8.2]

Homines non semper laeti sunt. …………

Marcus solus in foro ludit. …………

Nuntius secundus Domitio placet. …………

Puer maestus sedet, nam amici non veniunt. ………… 2 P.:

6. Ergänze: [→ G 9 S]

Die Verbindung zweier Hauptsätze nennt man …………;

die einzelnen Sätze sind ………….

Die Verbindung eines Hauptsatzes mit einem Gliedsatz nennt man …………;

der Gliedsatz ist dem Hauptsatz …………. 4 P.:

7. Beantworte:

Ursprünglicher Name des Kolosseums: ………… 2 P.:

Wann wurde das Kolosseum eingeweiht? ………… 1 P.:

Sklaven arbeiteten als …………, …………, …………, …………. 2 P.:

Punkte	*30–27*	*26,5–23*	*22,5–19*	*18,5–15*	*14,5–7,5*	*7–0*
Bewertung	☺☺☺☺	☺☺☺	☺☺	☺	😐	☹

Selbsttest V nach Lektion 11 ⌛ 20 Min.

1. Übersetze die Verbformen: [→ G 10.1.2 / 11.1.2]

superavit .... 1 P.:

ambulabam .... 1 P.:

mutamus .... 1 P.:

petivisti .... 1 P.:

quaeritis .... 1 P.:

tenebas .... 1 P.:

2. Gib die Stammformen *(je ½ P.)* und die deutsche Bedeutung *(je 1 P.)* an: [→ G 11.2]

putare .... 2 P.:

mittere .... 2 P.:

tacere .... 2 P.:

dicere .... 2 P.:

3. Konjugiere esse im Imperfekt: [→ G 10.1.2] *(je ½ P.)*

1.P.Sg.	2.P.Sg.	3.P.Sg.	1.P.Pl.	2.P.Pl.	3.P.Pl.

3 P.:

4. Ergänze: [→ G 10.1.3]

Im lateinischen Imperfekt sind Zustände oder ....

...................., ..., ...

.... der Vergangenheit dargestellt. 3 P.:

5. Nenne das zugrunde liegende lateinische Wort und seine deutsche Bedeutung:

an example (engl.) .... – .... 2 P.:

la femme (franz.) .... – .... 2 P.:

addieren .... – .... 2 P.:

6. Beantworte:

Welche Bezeichnungen sind von „Caesar“ abgeleitet? .... 2 P.:

Ergänze und übersetze: Veni, ... , vici. – .... 2 P.:

Woraus ist die Bezeichnung „Alphabet“ entstanden? ....

.... 2 P.:

Punkte	*32–28*	*27,5–24*	*23,5–20*	*19,5–16*	*15,5–8*	*7,5–0*
Bewertung	☺☺☺☺	☺☺☺	☺☺	☺	😐	☹

Selbsttest VI nach Lektion 13 ⌛ 25 Min.

1. Übersetze die Verbformen: [→ G 10.1.2 / 11.1.2 / 13.1.2]

desperabat .... 1 P.:

cognoverant .... 1 P.:

miserunt .... 1 P.:

interrogamus .... 1 P.:

tetigisti .... 1 P.:

servaveratis .... 1 P.:

2. Gib die Stammformen *(je ½ P.)* und die deutsche Bedeutung *(je 1 P.)* an: [→ G 12.2]

venire .... 2 P.:

currere .... 2 P.:

statuere .... 2 P.:

scribere .... 2 P.:

3. Konjugiere esse im Perfekt: [→ G 11.1.2] *(je ½ P.)*

1.P.Sg.	2.P.Sg.	3.P.Sg.	1.P.Pl.	2.P.Pl.	3.P.Pl.

3. P.:

4. Ergänze die Formen des Personal-Pronomens: [→ G 13.2] *(je ½ P.)*

Nom.	Dat.	Akk.	Abl.
ego			sine
vos			sine

3. P.:

5. Bestimme die Substantivformen. Gib alle Möglichkeiten an: [→ G 12.3 / 13.3 / Tab. I_1]
(bei zwei Möglichkeiten: je ½ P.)

vires .... puero ....

patri .... maria ....

vi .... corpore .... 6 P.:

6. Beantworte:

Wie heißt der Griffel, den die Römer zum Schreiben benutzten? .... 1 P.:

Der Götterbote (griech./röm.): .... 2 P.:

Die Göttin der Jagd (griech./röm.): .... 2 P.:

Punkte	*31–27,5*	*27–23,5*	*23–19,5*	*19–15,5*	*15–8*	*7,5–0*
Bewertung	☺☺☺☺	☺☺☺	☺☺	☺	😐	☹

Selbsttest VII nach Lektion 15 ⌛ 35 Min.

1. Bilde folgende Formen: [→ G 10.1.2 / 11.1.2 / 13.1.2]

1.P.Sg. Perf. von ponere .... 1 P.:

3.P.Sg. Imperf. von colere .... 1 P.:

2.P.Pl. Präs. von errare .... 1 P.:

1.P.Pl. Plqupf. von videre .... 1 P.:

3.P.Pl. Perf. von tangere .... 1 P.:

2.P.Sg. Plqupf. von defendere .... 1 P.:

2. Unterstreiche den AcI *(je ½ P.)* und übersetze die Sätze *(je 3 P.)*: [→ G 14.1]

Flavia scripsit se nunc servam in Gallia esse. ....

....

Quintus nunc amicam vivere scit. ....

....

Frater Flaviae se nihil de sorte matris scire dixit. ....

....

Quintus patri amicam auxilium sperare dicit. ....

.... 14 P.:

3. Setze in den AcI: [→ G 14.1] *(für jede falsche Form 1 P. Abzug)*

Pater dicit: Servi liberi non sunt. .... 3 P.:

Patronus dixit: Reum defendo. .... 3 P.:

4. Setze das Adjektiv bzw. Possessiv-Pronomen in der richtigen Form dazu: [→ G 15.1/2]

avo (noster) .... pugnam (acer) ....

victoris (felix) .... nomen (tuus) ....

(magnus) .... laboribus iter (brevis) .... 6 P.:

5. Beantworte:

Welche Göttin (lat. Name) hat bei der Götterhochzeit den Streit ausgelöst? Wodurch?

....

.... 2 P.:

Was versprechen die drei Göttinnen Paris? ....

.... 3 P.:

Punkte	*37–34*	*33,5–29*	*28,5–24*	*23,5–18,5*	*18–9,5*	*9–0*
Bewertung	☺☺☺☺	☺☺☺	☺☺	☺	😐	☹

1. Übersetze die Verbformen: [→ G 17.1.2]

audietis .... 1 P.:

promisi .... 1 P.:

credideramus .... 1 P.:

clamabo .... 1 P.:

sustinent .... 1 P.:

legent .... 1 P.:

2. Bilde den Infinitiv Perfekt von: [→ G 16.1.1]

clamare .... dicere .... 2 P.:

tacere .... esse .... 2 P.:

3. Konjugiere esse im Futur: [→ G 17.1.2] *(je ½ P.)*

1.P.Sg.	2.P.Sg.	3.P.Sg.	1.P.Pl.	2.P.Pl.	3.P.Pl.

3 P.:

4. Unterstreiche den AcI *(je 1 P.)* und übersetze die Sätze *(je 3 P.)*: [→ G 16 S / 1.2]

Quintus se in Gallia fuisse narrat. ....

....

Quintus amicis patrem saepe deis sacrificare narrat. ....

....

Quis non scit Graecos multos annos cum Troianis pugnavisse? ....

.... 12 P.:

5. Dekliniere das Personal-Pronomen: [→ G 16.2.1] *(je ½ P.)*

Nom.	Gen.	Dat.	Akk.	Abl.
is				cum
eae				cum

4 P.:

6. Beantworte:

Die Laren sind die Geister der .... 1 P.:

Der Innenraum eines Tempels heißt .... 1 P.:

Welche Priester beobachten den Flug der Vögel? .... 1 P.:

Punkte	*32–28*	*27,5–24*	*23,5–20*	*19,5–16*	*15,5–8*	*7,5–0*
Bewertung	☺☺☺☺	☺☺☺	☺☺	☺	😐	☹

Selbsttest IX nach Lektion 18 — 35 Min.

1. Bilde: [→ Tab. IV1/3]

3.P.Pl. Perf. von sustinere .... 1 P.:

1.P.Sg. Präs. von credere .... 1 P.:

3.P.Sg. Fut. von narrare .... 1 P.:

1.P.Pl. Imperf. von vertere .... 1 P.:

2.P.Pl. Plqupf. von cognoscere .... 1 P.:

2.P.Sg. Fut. von ducere .... 1 P.:

2.P.Pl. Perf. von agere .... 1 P.:

1.P.Pl. Fut. von redire .... 1 P.:

2. Dekliniere das Relativ-Pronomen: [→ G 18.1.2] *(je ½ P.)*

	Nom.	Gen.	Dat.	Akk.	Abl.
Sg. n.					de
Pl. m.					de

5 P.:

3. Ergänze: [→ G 18.1.3]

is/ea/id kann verwendet sein als ....-Pronomen und als

....-Pronomen. 2 P.:

4. Setze is/ea/id dazu *(je ½ P.)* und übersetze *(je 1 P.)*: [→ Tab. II3]

.... pontem .... tempore ....

.... horas .... iuvenis ....

.... oppidum .... annis ....

.... regum .... iudici .... 12 P.:

5. Konjugiere ire im Präsens: [→ G 18.2.1] *(je ½ P.)*

1.P.Sg.	2.P.Sg.	3.P.Sg.	1.P.Pl.	2.P.Pl.	3.P.Pl.

3 P.:

6. Beantworte:

Was ist auf der Trajanssäule dargestellt? ....

.... 2 P.:

Wie heißt die Grenzlinie zum Römischen Reich? .... 1 P.:

Was ist eine villa rustica? .... 1 P.:

Punkte	*34–30,5*	*30–26*	*25,5–21,5*	*21–17*	*16,5–8,5*	*8–0*
Bewertung	☺☺☺☺	☺☺☺	☺☺	☺	😐	☹

Selbsttest X nach Lektion 20 ⌛ 30 Min.

1. Übersetze: [→ G 20.2]

adsunt .... 1 P.:

intererimus .... 1 P.:

affuit .... 1 P.:

adeste! .... 1 P.:

2. Gib die Stammformen *(je ½ P.)* und die deutsche Bedeutung *(je 1 P.)* an:
[→ G 20.1.1 / Tab. V]

capere .... 2 P.:

poscere .... 2 P.:

habere .... 2 P.:

laedere .... 2 P.:

3. Konjugiere: [→ G 19.2.1 / 20.1.2 / Tab. $IV_{1/3}$] *(je ½ P.)*

	cupere – 1.P.Sg.	velle – 3.P.Sg.	tradere – 3.P.Pl.
Präs.			
Imperf.			
Fut. I			
Perf.			
Plqupf.			
Fut. II			

9 P.:

4. Schreibe die lateinischen Grundzahlen im richtigen Kasus aus: [→ G 19.3]

1 .... serva; 2 .... / .... urbes; 3 .... consilia;

sapientia 1 .... viri, 2 .... dearum, 3 .... hominum 6 P.:

5. Übersetze und erkläre den Kasus des unterstrichenen Wortes: [→ G 19.4]

<u>Amico</u> villa pulchra est.

.... 2 P.:

6. Beantworte:

Wie heißen die Priesterinnen der Göttin des heiligen Feuers? .... 1 P.:

Wie lautet die deutsche Bezeichnung für folgende Nahrungsmittel? oleum ....,

piper ...., dactylus ...., nux .... 2 P.:

Punkte	*32–28*	*27,5–24*	*23,5–20*	*19,5–16*	*15,5–8*	*7,5–0*
Bewertung	☺☺☺☺	☺☺☺	☺☺	☺	😐	☹